[中华历史文化名楼]

黄鹤楼

李安健　张国保　吴克坚　编著

文物出版社

图书在版编目（CIP）数据

黄鹤楼 / 李安健，张国保，吴克坚编著.—北京：文物出版社，2012.9 （2018.12重印）
（中华历史文化名楼）

ISBN 978-7-5010-3522-9

Ⅰ.黄… Ⅱ.①李…②张…③吴… Ⅲ.①黄鹤楼—介绍 Ⅳ.K928.74

中国版本图书馆CIP数据核字（2012）第192339号

中华历史文化名楼

黄鹤楼

编　　著：李安健　张国保　吴克坚
责任编辑：张冬妮
责任印制：陈　杰
封面设计：薛　宇
图片提供：王　勇

出版发行：文物出版社
社　　址：北京市东直门内北小街2号楼
邮　　编：100007
网　　址：http://www.wenwu.com
邮　　箱：web@wenwu.com
经　　销：新华书店
印　　刷：文物出版社印刷厂
开　　本：787×1092　1/16
印　　张：11.5
版　　次：2012年9月第1版
印　　次：2018年12月第2次印刷
书　　号：ISBN 978-7-5010-3522-9
定　　价：50.00元

《中华历史文化名楼》丛书编辑委员会

目　录

白云黄鹤

　　黄鹤楼是具有 1700 余年历史的文化名楼，湖北省和武汉市的标志性建筑。

　　黄鹤楼公园建成于 1985 年 6 月，为"中国旅游胜地四十佳"和首批国家 5A 级旅游景区，已通过 ISO9001 质量管理体系认证。2009 年、2012 年连续两度被中央精神文明建设指导委员会办公室授予"全国文明单位"称号。公园占地面积 40.3 公顷，其中绿地面积 38.3 公顷，绿化率达 88.4%。园内现有五大景区和胜像宝塔、岳武穆遗像、古郢州城垣等多处市级以上文物，分布有南楼、白云阁、落梅轩、搁笔亭、跨鹤亭、吕仙洞、岳飞广场、毛泽东词亭等大小景点 80 余个。"黄鹤楼传说"被列入国家非物质文化遗产保护名录。公园系文化与生态兼备的风景名胜区。

　　黄鹤楼重建开放 27 年来，已先后接待党和国家领导人、外国元首和政府首脑近百位，以及 90 多个国家的中外游客 5000 万人次，累计创收 6 亿多元。黄鹤楼已成为武汉市对外开放的重要"窗口"和旅游业发展的"龙头"。

时势江山造名楼

东汉末年，群雄割据，彼此攻伐，天下大乱。

公元219年，镇守荆州的蜀将关羽，遭吴军偷袭，败走麦城被杀。222年，刘备亲率大军讨伐东吴，为关羽报仇，并争夺荆州。结果彝陵一战，刘备几乎全军覆没。吴主孙权乘势夺得荆州，他将统治中心自建业（今南京）

古武汉三镇图

迁武昌（今鄂州），并
称吴王，又将武昌郡改
江夏郡。为防止蜀军再
次报复，并拱卫都城安
全，223年（吴黄武二
年），孙权在江夏山（今
武昌蛇山）下筑了一个
周围仅二三里的小城。
这个小土城背倚蛇山，
隔江与夏口相望，与龟
山夹江对峙。万里长江
在冲决三峡、流经荆汉
后，于此处陡然逼窄，
江流湍急，拍岸江涛激
成涡流回漩，迸发巨响，

吴主孙权

声如雷鸣，小城地势极为险要。孙权把长江对岸的"夏口"之名，移作这
个小土城的名字，并派部将黄盖在沿江一带训练水军，以抗曹、刘。这个
小城便是最早的武昌城。就在夏口城诞生的同时，城西南隅蛇山伸入长江
的矶头上，一座用于观察、指挥的戍楼突兀而起。这座小楼历经烽火，数
百年默默无名，直到晋唐，战事平息，它逐渐演变成人们游赏用的楼阁，
这才有了一个优雅的名字："黄鹤楼"。

　　人们之所以给它这样一个名称，自古以来一直有两种说法。一是因山

蛇山黄鹄矶老照片

而命名：此楼脚下的山矶名"黄鹄矶"，江湾名"黄鹄湾"。古时，这一带天鹅繁衍栖息，天鹅亦称黄鹄，山矶又呈黄褐色，其状若飞。"鹄"转音为"鹤"，二字互相通假，黄鹤楼便因山得名。二是因仙而命名：传说王子安、费祎、荀瑰等仙人驾黄鹤或盘绕或休憩于此楼。两种说法并行不悖，但以第一种说法最为盛行。

历史上的黄鹤楼屡建屡毁，又屡毁屡建。晋楼古拙朴实，唐楼巍峨舒展，宋代危楼高耸，元楼渺若仙宫，明楼雍容华贵，清楼宏伟严谨。历代

的能工巧匠用心血和智慧营造了它的伟姿，使它深得中国古典建筑的神韵，与滔滔江汉、茫茫龟蛇共同构成一幅"江、山、楼"三美合一的江南奇景图。登楼骋目，视接千里；凭栏俯首，景呈万端，堪称海内形势绝佳处。

宋乾道六年（1170年）八月二十七日、二十八日，中国历史上最杰出的诗人之一陆游畅游鄂州（今武昌）蛇山。他在《入蜀记》中这样写道：

在仪门之南石城上，一曰黄鹤山。制度闳伟。登望尤胜。鄂州楼观为多，而此独得江山之会要……黄鹤楼，旧传费祎飞升于此，后忽乘黄鹤来归，故以名楼，号为天下绝景。

其实，陆游此行黄鹤楼实体已不存在。但自陆游此行上溯500多年前起，历代文人墨客、王侯将相、英雄豪杰、庶民百姓，莫不争相登临黄鹤楼，留下了数不清的传说、诗文、楹联、绘画等，使黄鹤楼积淀了丰厚的文化内涵。具有1700多年历史的黄鹤楼经历和见证了中国历史上的一系列重大事件：三国鏖兵、岳飞抗金、天王进城、武昌禁烟、辛亥首义、

陆游像

铁军北伐、武汉会战……承载着不可磨灭的城市记忆，成为武汉城市历史文化和个性化魅力最杰出、最具美誉度的代表。

历史上最后一座黄鹤楼毁于清光绪十年（1884 年），此后一百年间，地方政要、仁人志士筹划重修黄鹤楼代代相续，但因种种原因未能如愿。1985 年，重新修建的黄鹤楼终于耸立在蓝天白云之下、翠绿青山之巅。它雄伟壮丽，气度非凡，是我们民族复兴的见证、盛世中华的象征。

"江上白云应万变，楼前黄鹤自千秋。"（清·张维屏《黄鹤楼》）让我们透过历史的烟尘，细细品读黄鹤楼。

第一篇 "七气"汇聚的黄鹤楼

　　气是中国哲学中的一个古老命题。古代朴素的唯物主义者认为：天地是包含着气的物质实体，自然界万物生成死灭的发展变化，都是天地所含元气的聚与散的结果。气中精粹、精致、精灵的部分称之为精气。由于有精气的存在，气才变得有生气、有活力。精气流行于天地之间，神出鬼没，变化不已，它是生命和智慧的源泉。

　　黄鹤楼，由"地气"、"仙气"、"文气"、"福气"、"财气"、"名气"、"人气"等七种精气汇聚而成的超强气场，一生不得不亲临的江山胜景。

一、地气——得天独厚的生态资源和区位优势

　　著名历史文化学家、武汉大学资深教授冯天瑜有一论断：地理环境是一个民族文化形成某种类型、秉持某种特质的前提因素。黄鹤楼卓绝的地理环境，几乎囊括了古代堪舆学家所钦慕的上品"风水"、古代造园家所推崇的一流造园审美意境，为黄鹤楼及其文化的形成奠定了坚实的基础。

占山

在生产力水平低下的上古时代，人们不可能科学地认识和理解大自然，对许多自然物和自然现象都怀着敬畏的心情加以崇拜。山是人们见到的体量最大的自然物，巍峨高耸仿佛有一种拔地通天、不可抗拒的力量。它高入云霄，被人们设想为天神居住、休憩的地方；它兴云作雨，为先民们的农业生产创造条件；它蕴含万物施惠于人，正体现仁者的品质。所以古人崇拜山，敬畏山。中国古典园林原始形式之一的台，就筑在山上，用来"望气祲、察灾祥、时游观"。

黄鹤楼所在的武昌，早在3至4亿年以前的泥盆纪和石炭纪时期，还是一片汪洋的浅海区。以后，随着地壳运动，海水退出，海陆交替变迁，海底被隆为陆地，再被掀起为山，渐渐形成了数列山系，此起彼伏，宛如

武昌山势与城墙老照片

龙蛇盘踞。历代先民根据这些山的形状或典故，分别给它们命名为"龙山"、"盘龙山"、"青龙山"、"黄龙山"、"二龙山"、"龙泉山"、"龙头山"、"九龙山"、"龙起云山"、"关龙山"、"龙嶂峰"等等。黄鹤楼立足蛇山，蛇山因形似渴饮长江的巨蛇而被命名。它全长 1800 米，最高海拔 85 米，面积 1.14 平方公里，南连洪山、珞珈山、磨山，北接紫金山、凤凰山、小龟山、狮子山。从黄鹤楼上远眺，只见群龙竞走，风举云从，蔚为壮观。明代兵部尚书、被冤杀的江夏人熊廷弼曾这样形容："脉脉结成龙虎地"，这是十分真实的写照。

得水

古人认为，水为大地之血脉，它滋润万物，供给舟楫之便。水的清澈象征人的明智，水的流动表现智者的探索。水还被视为聚财、兴运的象征：

不尽长江滚滚来——黄鹤楼故址下的长江（民国时期老照片）

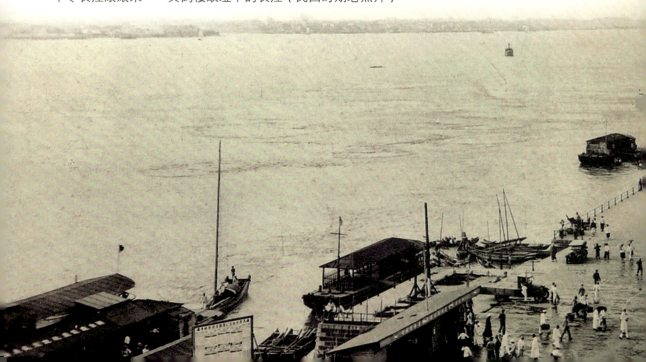

　　"水环流则气脉凝聚"。孔子说水有九种美德：德、义、道、勇、法、正、察、善、志。这虽是他个人的感悟，但古人崇拜水、亲近水。中国古代建筑的设计与营建，无一不格外重视理水。

　　在黄鹤楼，不仅开窗见山，而且出楼遇水。

　　黄鹤楼俯临中国第一大河、世界第三大河——长江。长江在冲决三峡之后，流经江汉平原，到武汉龟蛇二山对峙处与其最大支流汉水相汇，水势壮阔，浩荡汹涌，不见首尾，江中沙洲并立，长岛横陈，舟楫如织，其景观为世界都市所罕见。蛇山之南还有一条巡司河，弯曲回环，柔美多姿。又据古地质文献记载，蛇山南北两侧曾经散布有大小湖泊9个。其中最为著名的是东湖、沙湖、南湖。此外，黄鹤楼周边还凿有清风井、明月井、九龙井、八卦井、汲水井、蟹马井、白鹤井、金钱井、双眼井、霸王井、五龙井、沙井等十余座。江湖相间，山得水而活，楼得水而媚。

藏风

上古时期，风与神鸟凤凰联系在一起："凤凰朝兮，风雨顺兮。"在古人眼里，风来自于展翅飞翔的神鸟的翅膀。楚人崇拜的凤鸟早期的神格是风神。"南风常养，万物喜乐。"对风的崇拜和喜悦由来已久。风作为自然界的无形之物，时刻在影响人们的生活，惹生起人们心灵上或悲或喜的情感活动，因而常常成为古代士人深情吟咏的对象。而在造园家看来，风是形成生态、植被、气候的必要条件，是造景、育景的良好资源。

黄鹤楼周边的山系大多为剥蚀性丘陵岗地，呈东西走向，南北平行，好似"脊背"。空气在这里与长江河谷空气对流，形成典型的亚热带湿润

郁郁葱葱的蛇山

季风气候：春日风暖人醉，夏日风行电闪，秋日风和日媚，冬日风卷瑞雪。温暖湿润的气候使黄鹤楼周边的山体植被苍翠，林木森森，据统计，黄鹤楼周边山上拥有中亚热带常绿阔叶植物72类，173属，396种。

凝云

云是中国文化中的一个重要象征意象，在漫长的历史进程中被赋予了丰富的喻义。儒家把"云行雨施，品物流行"作为贤人君子济时品德的象征，道家把云视作仙乡，佛家认为云有空静澄澹的禅悦之意；而中国民间把白云看做是吉祥物，最常见的云的用语是"祥云缭绕"。

白云缭绕的黄鹤楼

黄鹤楼地区没有高山群峰，有的是江河湖泊，水域面积广，空气湿度大。地面水域受晴天阳光照射而增温，加快了水滴向空中蒸发的速度；水气在空中逐渐遇冷，凝结成水雾，形成了不同形状、不同厚度、不同结构的云。黄鹤楼周边每年万里无云的晴天不多，大多为多云天气，尤其在春秋两季白云最多。白云萦绕在黄鹤楼上空，它们自身处在变化之中，加上外来风的作用，便呈现出千姿百态的模样，时而轻盈袅娜，时而奇峰林立，晶莹洁白，绚丽多姿。

居中

华夏民族有强烈的中央意识，非常崇拜"中"的方位，"王者必居其中"的古训，就是古人以"中"为上、以"中"为尊的明证。这种文化心理后来逐渐淡化，但居"中"所带来的交通、物流、信息方便，却是其他方位无可比拟的。

武汉位于长江中游，地理位置接近中国的几何中心，它"瞰三江而吞七津，控西蜀而踞东吴"，号称"九省通衢"。它不仅是地域中心，而且是著名的政治中心、文化中心。其方位作用在国家动荡之时，表现得尤为充分：辛亥革命爆发，清政府被推翻，它成为临时首都；北伐战争后，广州国民政府迁至武汉，它成为"京兆区"；抗战时南京沦陷，它再次成为政治中心。

20世纪上半叶，京汉铁路、粤汉铁路相继修通，它所产生的影响力，远高于津浦路与沪宁路相连所产生的影响。武汉被定格在中国两大交通动脉——长江、京广线大十字交叉的正中心。1957年，万里长江第一桥——武汉长江大桥修通；2009年，世界上车速最快的武广高铁通车；2010年，

武汉被国家定位为"中国中部中心城市"。武汉居"天下之中"的区位优势日益突出。

黄鹤楼处在这个中心的圆点。中国纵横交错的两大交通动脉——万里长江和京广线，匍匐在它的脚下。它的周边，首义文化区、东湖风景区、

京广铁路匍匐在黄鹤楼脚下

武汉大学风景区、光谷高科技文化体验区、卓刀泉风景区、洪山风景区、长春观风景区、昙华林老建筑文化区、长江大桥风景区、江滩风景区、龟山风景区、晴川阁风景区、琴台风景区、南岸嘴风景区、龙王庙风景区、汉正街商业文化区、汉口租界文化区等等，如众星拱月，与黄鹤楼一起共同彰显着城市的文化特质和个性魅力。

黄鹤楼拔地倚天、吐纳风云的地理环境，为思想活跃的楚人叩天问地、思辨宇宙、玄想人生提供了任意驰骋的空间，正是在一种浩大神秘的自然观照下，才有了诡谲的宗教信仰的产生，才有了瑰丽的仙话传说的流布，才有了特色鲜明的民俗民风的传袭。

黄鹤楼仰俯乾坤、凑泊成韵的空间格局，契合了"天人合一"的中国哲学精神，以及"仁者乐山，智者乐水"的山水意识，为所有登临者带来了情趣、意趣和对时空的感受，满足了人与自然和谐统一、和娱相亲的精神需求。

黄鹤楼山水浑融、笼盖万物的景观体系，为中国历代士人营造了最高美学层次的意境，激活了他们的创作激情，丰富了它们的联想和想象，产生了足以展示中华传统文化、楚文化魅力的建筑、文学、绘画作品，产生了自然与人文融贯合一的恒久魅力。

二、仙气——国家非物质文化遗产保护项目"黄鹤楼传说"

自古以来，黄鹤楼被人们称作"神仙楼"，这是因为围绕黄鹤楼产生了一系列关于仙人、仙物、仙踪、仙洞的仙话。这些仙话具有极强的生命力，一直活态传承到现在。它是楚文化、道教文化的积淀和反映。

蛮荒时代，楚地的先民就有对天地、山川、日云星等自然物的崇拜。这种自然崇拜到战国时期演变成"信巫鬼"。楚人创作了许多神话传说和巫歌巫舞，他们经常举行大规模的祭神祀鬼的歌舞仪式，不仅民间盛行，甚至连国君也亲自参与。这种风俗为后来道教在楚地的传播铺设了理想的温床。黄鹤楼始建于吴黄武二年（223年），正值玄学勃兴，道教流布日广。西晋著名的道教理论家、炼丹术家葛洪，长期在黄鹤楼周边传教、炼丹、给人治病，使得神仙信仰深入人心，说神道仙成为时尚。

黄鹤楼临江负险，高标卓立，在道教教徒心目中，它是离天最近的地方。于是，便传说仙人们来往于天地间时，都要在黄鹤楼上休憩。黄鹄矶附近的江洲，是天鹅栖息之处。天鹅形似鹤，于是被传说成一种懂人话、通人性、供仙人驾乘和使唤的仙灵。黄鹄山中，洞穴遍布，传说是仙人修炼、居住、藏宝之处。至于跨鹤仙人，从汉末到明初，传说有子安、费祎、荀瑰、吕洞宾等等，络绎不绝。

祖冲之

受道教思想的影响，黄鹤楼仙话表达的多是天人合一、戒贪寡欲、清静无为、惩恶扬善的主题。故事情节摇曳多姿，结尾出人意料，意境深邃优美，尤其是人鹤融融相处，故而深受人们的喜爱，上至帝王将相，下至庶民百姓，无不争相口授文传。最早记录黄鹤楼仙话的，是南朝伟大的科学家祖冲之。祖冲之推算的圆周率数值，领先于欧洲一千余年。他还制作了当时最

精确的历法"大明历",改造了指南车,制作了水碓磨合千里船等。饶有兴味的是,这么一位世界科学与文化名人,居然在他39岁时(468年)写了一本志怪小说《述异记》,其中就记录了黄鹤楼的仙话。可惜这本书后来失传,但仙人跨鹤盘桓黄鹤楼的故事,被其他书籍记载下来。宋代大文豪苏东坡,用一首古体诗《李公择求黄鹤楼诗,因记旧所闻于冯当世者》,记叙了一个动人的仙话传说:一个穷愁潦倒的守城老兵,在月明星稀的夜里遇

吕洞宾

见了黄鹄山中的三个仙人,并尾随他们来到山洞,向他们乞讨。仙人指着洞中的石头,任他挑选。老兵用他瘦削的双肩扛着一块大石回家,突然满屋生辉,巨石已成黄金。他不时凿取一块变卖,顿时富裕起来。后来官府察知,怀疑它是偷来的,将它提到衙门。当检验"黄金"时,发现它是一块似石非石、似铝非铝的东西。可怜的老兵身陷牢狱之灾。

黄鹤楼仙话传说中最脍炙人口的是《橘皮画鹤》的故事:一个姓辛的寡妇在黄鹄山开了家酒店叫辛氏酒家。一天,一个身无分文的老道来请辛氏施舍酒菜,辛氏笑脸相迎,以酒菜相待。以后一个多月天天如此,辛氏

分文不收，毫无怨言。老道也从不客气，总是吃完喝尽后扬长而去。终于有一天老道要去云游，临行前捡起地上的一块橘子皮在酒店的墙上画了一只黄鹤，对辛氏说，这只鹤只要你招呼一声，立刻下来为你的客人助兴。

老道走后，辛氏果真能将黄鹤召唤下来，黄鹤为客人翩翩起舞，悠然长鸣。

从此辛氏生意大发，渐渐忘了穷人。几年后老道再来酒家，辛氏竟贪婪地要老道将她家的井水变成酒水。老道仰天大笑，用笛声唤下黄鹤，跨鹤飞去。辛氏大悔大惭，决心重做好事，她用尽全部积蓄，在黄鹄矶头修建了一座高楼，供人登临观景，人称此楼为"黄鹤楼"。

辛氏酒家传说壁画

　　黄鹤楼仙话的旨趣、意境与中国士大夫文人的处世哲学、人格理想产生共鸣，激发了历代文人的创作灵感，催生了多如珠玑的诗词文赋，极大地推进了中国浪漫主义文学和道教文学的发展进程。

　　黄鹤楼仙话具有广泛的文化认同性和强烈的辐射性。20世纪50年代，前苏联的电影艺术家以"橘皮画鹤"的故事为题材，经过改编和加工摄制了一部动画片《黄鹤楼的故事》在全苏放映，一时风靡全苏。此片的人物和情节与原故事比有较大变动，是原故事的延伸与发展，堪称"苏版《橘皮画鹤》"。其内容梗概是：艺人老马善吹笛，临走时在黄鹤楼的墙上画了一只黄鹤，让它为民众跳舞，消除民众的烦愁。官老爷闻知后抢走黄鹤，可黄鹤再也不翩翩起舞。直到老马的笛声传来，黄鹤才展翅飞回百姓中间，重新跳起欢乐的舞蹈。同一时期，中国的音乐工作者将《橘皮画鹤》移植成交响音乐，塑造了仙鹤与民众同心同乐的美好形象。整个交响乐曲旋律优美流畅，跌宕起伏，富于民族色彩，是黄鹤楼仙话题材在交响乐领域的成功探索，曾引起社会的强烈反响。1980年笛子演奏家孔建华借鉴汉剧的音乐题材，揉进古老的昆曲和抒情细腻的江南丝竹，创作了笛子曲《玉笛梅花黄鹤来》。

　　古人认为长生成仙和富贵的捷径是碰到神仙，得赐灵药和宝物，所以历来不乏到黄鹤楼求仙探宝的人。随着社会进步和科学昌明，求仙探宝已成为笑谈。但是黄鹤楼仙话却生生不息，代代相传。今天它已被列入第三批国家级非物质文化遗产保护名录，成为国家承认、国家珍视的公共文化，受到法律的保护而将永久性地活态传承。

三、文气——黄鹤楼文化的品类

　　黄鹤楼奇绝的景观、优美的神话、悠久的历史，拨动了历代文人墨客的心弦，激发了他们的创作灵感，产生了品类众多的文艺作品。其中，尤以诗词最为著称，黄鹤楼因为诗词浩瀚流美而又拥有另一雅号：诗词楼。

　　据不完全统计，可以搜集到的历代名人歌咏黄鹤楼的诗词多达千余首，作者几乎涵盖了晋唐以降中国诗坛、词坛中的最负盛名的作家：鲍照、宋之问、孟浩然、崔颢、王维、李白、贾岛、顾况、白居易、刘禹锡、杜牧、李商隐、苏轼、苏辙、黄庭坚、岳飞、陆游、范成大、张孝祥、辛弃疾、姜夔、文天祥、萨都剌、揭傒斯、周德清、杨基、高启、沈周、李东阳、王守仁、李梦阳、杨慎、张居正、王世贞、袁宏道、袁中道、吴伟业、朱彝尊、孔尚任、沈德潜、袁枚、赵翼、姚鼐、洪亮吉、林则徐、李鼎元、魏源、张之洞、黄遵宪、刘鹗、康有为、吴趼人……他们的作品，或发思古之幽情，或咏江山之多娇，或痛民族之危难，或抒亲友之感怀，无不充满了积极的人文精神；而其艺术特色，或清丽淡远，或婉约含蓄，或豪放跌宕，或妙想联翩，可谓百花齐放、异彩纷呈，具有极高的艺术品位和极强的艺术感染力，

林则徐

堪称中华传统文化的瑰宝。其中最具影响力的当属唐代崔颢的《黄鹤楼》，以及李白的《与史郎中钦听黄鹤楼上吹笛》、《黄鹤楼送孟浩然之广陵》，岳飞的《满江红·登黄鹤楼有感》等。

毛泽东生前非常喜爱黄鹤楼诗词，他填写了《菩萨蛮·黄鹤楼》，手书了多首崔颢和李白的黄鹤楼诗。

黄鹤楼枕名山而滨长川，金瓦丹柱，画栋雕梁，飞檐翘脊，美轮美奂，为楹联、书法、绘画艺术的创作提供了无穷的意境。这些作品，既有对心目中黄鹤楼的美化之效，更有对视觉上黄鹤楼的装饰之功。黄鹤楼楹联的数量今已无法详计。古代楹联中，最早的为佚名者所撰"祢衡洲上千年恨，崔颢楼头一首诗"；最短的为无名氏所撰"楼峰江带；舟蚁人潮"；最长的为潘炳烈所撰的350字联；最有哲理的是湖广总督张之洞的"昔贤整顿乾坤，缔造多从江汉起；今日交通文轨，登临不觉亚欧遥。"有关黄鹤楼书法、绘画作品，唐宋时已能襟抱沧桑，情涵时空。元代夏永的界画《黄鹤楼图》有两个版本，一藏故宫博物院，一藏上海博物馆，笔力工细，真切明晰。绘于元至正十八年（1358年）的壁画《武昌货墨》，保存在山西芮城永乐

黄庭坚

宫混成殿内。此画描述的是吕洞宾在武昌游仙显化的传说，画中的黄鹤楼表示武昌。明永乐年间，明成祖朱棣御制《大明玄天上帝瑞应图录》，其中"神留巨木"图画中绘有黄鹤楼。明代著名画家仇英的真迹《武汉三镇图》气势不凡，图中黄鹤楼屹立于舟楫如织的江岸，此图现藏于湖北省图书馆。清代传世的最有名的黄鹤楼绘画是著名画师石涛的《黄鹤楼图卷》，画上有其游黄鹤楼自题诗一首。历代黄鹤楼书画作品因黄鹤楼屡毁失去依托而风流四散。令人扼腕的还有"黄鹤楼三绝"的佚失。清乾隆五十三年，58 岁的毕沅出任湖广总督兼湖北巡抚，在他任上，黄鹤楼重建竣工。毕沅十分高兴，要他的幕僚、才子汪中撰《黄鹤楼诒》，又要程瑶田挥毫书写下来，钱占用雕刀刻成阴文。时人将此三件作品称为"黄鹤楼三绝"。三绝合一的刻石下落不明，唯有汪中的诒文尚存。为了弥补遗憾，20 世纪 80 年代黄鹤楼重建时，由中央美术学院艺术家为主楼精心绘制了题材不同、风格各异的大型陶瓷壁画，艺术地展现了千古名楼的过去、现在和未来，给游人以悠远的思索和无尽的艺术享受。其他书画作品至今已成蔚然大观：齐白石、叶浅予、关山月、李可染、李苦禅、吴作人、陆俨少、黎雄才、程十发、陈立言、邓少峰、张振铎、张善平、周韶华、贺飞白、启功、赵朴初、沙孟海、舒同、刘海粟、刘炳森、李铎、费新我、陈大羽、赖少其等都有佳作藏于黄鹤楼。他们的作品，技法高妙，意境深远，是足可传世的文化精品。

　　黄鹤楼的文化品类还突破诗词文赋、书画碑联的传统范围，悄然渗透于社会生活的方方面面，形成了众多与黄鹤楼有关的民众喜闻乐见的文化形式。元杂剧是与唐诗宋词并称的中国古代文学体裁之一。元代至

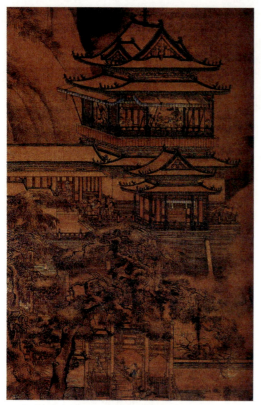

明代安政文界画《黄鹤楼雪景图》

顺年间（1330～1333 年），杂剧作家朱凯根据《三国志平话》里周瑜讨荆州的故事写成杂剧《刘玄德醉走黄鹤楼》。故事的梗概是：赤壁战后，周瑜欲杀刘备，在黄鹤楼设碧莲会请刘备赴宴。此时诸葛亮、关羽、张飞等都不在刘备身边，赵云主张不去，刘封主张去。刘备误听刘封之言，单身前往。诸葛亮夜观天象，得知此事，于是先令关平送暖衣及拂子给刘备，拂了中暗藏当年他在南屏山借东风时所得东吴令箭一支；又差姜维扮作渔夫送信，在席间暗示刘备将周瑜灌醉后持令箭逃走。果然周瑜传令，把守楼门，无令箭者不许下楼。恰好此时姜维来献鱼脍，暗将诸葛亮写在自己手上的"彼骄必褒，彼醉必逃"八个字给刘备看。刘备按计而行，把周瑜灌得酩酊大醉，以拂子所藏令箭为凭，下楼而去。全剧 4 折，有 72 处提到黄鹤楼，剧情涉及楼上楼下、楼前楼后、楼左楼右、楼内楼外，观后如身临其境。此剧影响颇大，后经人改编为京剧、汉剧、徽剧、湘剧、秦腔、豫剧、河北梆子、麻城高腔等同名剧目。清代我国五大年画基地苏州桃花坞、山西临汾、山东潍坊、河北武强、天津杨柳青都争相绘制黄鹤楼

题材的年画，以供广大农村之需。以黄鹤楼为题材的相声、歌曲、曲艺、话剧、交响乐、菜肴等等，也相继问世。近年来，由总政歌舞团著名歌唱家谭晶演唱的歌曲《黄鹤楼》，声情并茂，优美动人，风靡大江南北。

四、福气——黄鹤楼文化生灵的寓意

黄鹤楼立足蛇山，面对龟山，茫茫天地间形成了鹤、蛇、龟三种文化生灵的绝佳意象组合，成为楚国先民心目中赐福的祥瑞生命符号。

楚国宗教中一个最明显的特征就是动物神的崇拜极为突出。古代楚地先民的灵魂观念中，有两个共同的命题，这就是相信万物有灵和灵魂不灭。他们相信世界上的万事万物都和人一样具有灵性，相信灵魂是永生不灭的超自然的存在。他们还认为人的灵魂与动物是可以相互转化的，于是在动物身上灌注了各种各样的文化符号，赋予它们以灵气，使它们成为各种类型的神的"外壳"，用以表达楚民族的信仰和崇拜。

鹤在中华文化中，一向被视为仙物，所谓"一品鸟"。它因为漫长而清洁的生命赢得楚人的广泛信仰。传说黄鹤修炼成仙鹤比人修炼成神仙还要困难得多：黄鹤经神仙驯化，十年才长齐翅羽。此后每七年进步一阶，逐渐学会飞腾云汉、应节而舞、昼夜十二时报点等本领；再吃斋160年，然后雄鹤与雌鹤目不转睛地深情对视，雌鹤受孕；接着又是1600年饮而不食的妊娠期，最后雏鹤才脱胎而出。只有如此倒腾出来的鹤才能成为仙鹤，成为可供仙人使唤和乘驾的工具。这种说法尽管荒诞，但民间普遍把鹤看作是一种兆寿灵物，最常见的主题是"松鹤延年"。

余楚民绘《黄鹤来兮》

　　蛇是中国的"活文物"——十二生肖之一。自然界有蛇而无龙，蛇因为形似龙而被称为"小龙"。较之于龙，蛇的资历似乎更深，资格似乎更老。它因为肚腹容量巨大、生性怪异而被信奉为神物。《天问》相传是屈原在

遍览楚"先王之庙及公卿祠堂"中的"天地山川神灵"图画后的作品，其中有"一蛇吞象，厥大如何"的描写。《楚帛书》附有楚人信仰的十二神图谱，其中春正月所附神灵为蛇首鸟身形，夏四月所附神为双蛇交尾形，秋九月所附神为交尾蛇形。十二神中，蛇占其三，足以说明楚人对蛇的崇拜程度。楚国民间普遍认为蛇能镇宅、消灾、保平安。

龟是"麟、凤、龙、龟"四灵中唯一实有的动物。它的形象颇为不凡。楚人说它蛇身龙须，外骨内肉，肠属于脑，呼吸以耳；它的左眼像日，右眼像月，头又像男性的命根；它来自天上，知人间凶吉，充满着智慧，是神与人之间的媒介。龟腹甲上的图纹神秘莫测，楚国的巫师便在其上钻孔，用火烧烤，然后根据裂纹的形状判断人事的凶吉。龟在楚人的心目中还是一种长寿的灵物，他们把传说中活到1千岁的龟称为"神龟"，把活到1万岁的龟称为"灵龟"。

古代龟蛇图

黄鹄矶因附近江洲有天鹅栖息而得名，蛇山形似一条伸入江中饮水的巨蛇，龟山则像浮在水上的巨鼋。楚人认为这三者能够配伍在一起，是上天的特殊"恩赐"，足以帮助他们消灾和带来福祉。所以，当黄鹤楼从军事楼演变成观赏楼以后，它连同脚下的蛇山，便成为人们祈福许愿的最佳选择地。生民祈福活动的动机大致分为三种："感谢"、"和解"与"要求"。"感谢"即谢神灵的恩惠，"和解"即消解神的怨恨，"要求"即有求于神的帮助。这种祈福活动经过一千多年的演进和积淀，逐渐形成丰富多彩的民俗活动。到清末民初，在黄鹤楼举行的群体性的祈福消灾活动主要有两种形式：

一是"五龙朝贺"。每年农历正月十五的午时，在黄鹤楼正面前的场地上摆设香案，五条龙（蛇）灯并列香案前。随着锣鼓齐鸣，司仪开始说"迎神采"："恭迎龙（蛇）神下天庭，保佑国泰民安宁。五谷丰登六畜旺，春满乾坤福满门……"接着人们在龙头上披挂写有"松鹤延年"、"天官赐福"等字样的彩绸，对着龙（蛇）头撒谷米，向着龙头磕头作揖，心中默祷，憧憬未来。这时雅乐高奏，鞭炮燃放，狮子起舞，龙灯翻飞，祈福仪式达到高潮。

二是放河灯。每年农历七月十五的夜晚，人们带着各种形状的河灯，来到黄鹄矶上游的江边，点燃蜡烛后将灯放入水中，让其顺流而下。只见天上星月交辉，两岸灯火通明，江面有无数或明或暗的亮点向下流方向缓缓流去。偶遇漩流，顿时形成数个急速旋转的光圈。人们时而默然祈祷，时而迸发出欢呼声。黄鹤楼是最佳观灯处，此时早已人头攒动，热闹非凡。

清光绪十年（1884年）一场大火把黄鹤楼烧得只剩下一个铜顶，黄鹤楼的群体性祈福活动逐渐式微。20世纪50年代修建长江大桥时，黄鹄矶成为桥基，蛇山的空间骤然变小，加上要考虑长江大桥的安全因素，群众性的祈福活动恢复困难。1985年黄鹤楼重建时，在主楼以西50米处建起了一个小型广场，广场正面的台阶上，设置了一个鹤、蛇、龟"吉祥三宝"（又称"黄鹤归来"）铜雕；2000年又在主楼附近增设了千禧钟，人们的祈福活动又有了新的场地和新的表达形式。更重要的是祈福活动的内容已注入新的元素，有了大的拓展：人们在黄鹤楼祈求国家统一、人民富裕、

黄鹤楼前的鹤、蛇、龟铜雕

灾区重建、社会和谐、世界和平。

五、财气——魔手般地拉动城邑经济的发展

历数黄鹤楼的史乘沿革，不难发现，黄鹤楼始终像一只魔力巨大的手，拉动着城邑经济的发展。

三国时，孙权为应对刘备的进攻，在今蛇山西端北麓建夏口城，同时在此城西端黄鹄矶上修建了一座瞭望兼指挥的岗楼，即后来的黄鹤楼。夏口城下原有三个港埠，战争时是屯兵藏船的据点，战乱后则成为商船聚泊和修造船场的工地。随着黄鹤楼功能向导航方面转化，商船越停越多，造船规模不断扩大，商贸活动频繁，到南朝时，沿江已出现数里长的街市。

民国时期的武昌江滩

据史书记载，当时的水运一次就运来 140 船粮草，仅军需一项，每年就有 300 万两银子。

唐朝时黄鹤楼已由灯塔楼演变成观赏楼，港埠和都邑建设也随之迅速发展。夏口城由周围不过三四里的小石堡城扩展为城郭达 15 里、户口达三万八千余户的"东南巨镇"，与南京、杭州并列为"三大都会"。南方的租赋和特产如米、丝、茶、麻、手工艺品等都由黄鹤楼下的港埠转运，江边停泊了无以数计的船只，江岸上常有上万名的米斛在等着交易。据《旧唐书》"五行志"介绍，广德元年（763 年）的一次大火，烧毁船舶达 3000 余艘。由此可见当时水运贸易的繁盛景象。

民国时期的武昌街道

南宋时期，由于历代名人的登临尤其是诗文的传播，黄鹤楼声望日隆，游客络绎不绝。黄鹤楼下出现了当街开店、随处经营的场面。酒肆、饭铺、茶店、邸店（旅店）比比皆是。有的茶店规模已超过两层楼，武昌鱼已开始走红，状元、龙图阁学士、诗人王十朋有诗句云："安乐故宫犹庙食，遗民食荐武昌鱼。"商贸活动成就了一方富甲，有一个都统司医官滑世昌，家住繁华的南市，他亦官亦商，家资积万。最能吸引市民和游客的，是以黄鹤楼为中心的夜市。孝宗乾道六年（1170年）八月，陆游入蜀途经鄂州，在其《入蜀记》中有这样的记叙："居民市肆，数里不绝……移舟江口，回望堤上，灯火歌呼，夜分乃已"。另一位著名诗人、参知政事（副宰相）范成大在《鄂州南楼》诗中云："烛天灯火三更市，摇月旌旗万里舟。"

元代实行行省制，武昌取代江陵成为湖广行省的行政中心，黄鹤楼周边的商业更为繁荣。到明代，黄鹤楼周边地区形成了"长街"、"前街"、"后街"、"西街"、"草埠街"、"十字街"、"水陆街"、"河街"等八条商业街。这种格局一直延续到清末。晚清，湖广总督张之洞在黄鹤楼周边频频施出大手笔：1900年11月他奏准在黄鹤楼东辟了万余亩土地自开商埠，建设自由贸易区，此为我国自开商埠之始；1902年他在黄鹤楼下创建两湖劝业场，其规模与京、津劝业场成鼎足之势，功能既为大商场又为展销馆，商品博览迅速走旺。清末美国旅行家威廉曾多次游览考察蛇山一带。他在其《中国十八省府》"武昌"一文中写道："（蛇山）北面，有一条东西向的大街，街上有7000家店铺，堪称武昌的百老汇。"据历史文献记载，明清两朝的湖北巡抚、藩署、盐署、武昌府及藩照厅、藩经厅、藩库厅等都设在黄鹤楼下的这条街上，鄂地官员进城、京城官员来鄂，大都经过这里，都要应酬交际，送往迎来，自然带火了这条街的商机。酒楼、茶楼、旅馆、澡堂应运而生。蛇山上的南楼、黄鹤楼茶园成为官员们游宴娱乐之所和艺人展示才艺之地。清末，各种专业的、特色的市场在黄鹤楼周围逐步形成。

1985年黄鹤楼重建之后，周边商户规模激剧膨胀。新的具有现代制度的商业街、小商品市场、贸易行栈、贸易中心不断涌现。解放路零售商业

1914年印有黄鹤楼图案的钱票　　　发行于1893年的黄鹤楼邮票

1910年外国香烟盒子上的黄鹤楼图案

街、彭刘杨路餐饮服务街、户部巷小吃一条街、民主路商业风情街等等，吸纳着海内外登临黄鹤楼的游客，强有力地拉动着武昌经济跨越式地发展。

黄鹤楼"财气"的另一体现方式是它无法估量的商标品牌价值。1893年5月23日，汉口英租界工部局汉口书信馆发行了一枚黄鹤楼图案的邮票，深蓝色，色纸平印，面值2角。1896年3月和6月，汉口书信馆又先后发行了两枚黄鹤楼远景图案邮票，面值均为2角。稍后一些时间，日本军事邮便所和伊势屋等单位，先后发行了多枚黄鹤楼明信片。中华人民共和国成立后，邮政部门又多次发行了黄鹤楼邮票。

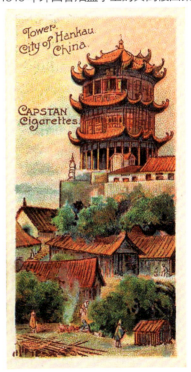

黄鹤楼成为湖北省、武汉市的区域形象标志，成为工商企业家最为钟情的招牌和商标。漫步武汉三镇，与黄鹤楼相关的商家匾牌不计其数，带有黄鹤楼图案的食品、饮料、磁卡、工艺品、纪念品更是琳琅满目，无可数计；甚至有现代化高科技工业园，也以"黄鹤楼"而冠名，黄鹤楼情结和品牌已悄然渗透于绿色经济。2010年湖北、武汉·台湾周活动中，它又以湖北、武汉的标志出现在台湾经济、工商、政治等精英和民众面前。

六、名气——举世罕见的名人名事

黄鹤楼的名气表现在三方面：名垂青史、名人因缘、名播海外。

名垂青史

文因楼成，楼随文传。黄鹤楼以历代诗词的流布、神话故事的渲染而蜚声海内外。但最能彰显其地位和名分的，当属正史的记载。正史是记载中国历代史事最正规的史著，是反映某一朝代历史的"定本"，具有极高的历史的、民族的认同性。中华民族悠悠五千年的文明史，被浓缩为"二十四史"，其中记载黄鹤楼的多达五部。在我国众多的楼阁中，几乎找不到另一座楼阁能够打破黄鹤楼"名垂青史"的记录。

第一部记载黄鹤楼的正史是南朝梁皇族萧子显的《南齐书》，书中记载了黄鹤楼的地理形势和仙人驾鹤过黄鹄矶的传说；其次是唐代初年著作郎姚思廉编纂的《梁书》，记公元514年梁武帝的异母弟、郢州（武昌）刺史萧秀在黄鹤楼下掩埋数百名阵亡将士尸骨的史事；唐代崇贤馆学士李延寿的《南史》记有《梁书》内容相近的文字；元代丞相脱脱的《宋史》，

记载黄鹤楼的五部正史书影

记宋丞相王钦若父亲官鄂州（今武昌），遇江水暴涨，举家迁至黄鹤楼，王钦若在黄鹤楼诞生的传说；清代宰相张廷玉等编纂的《明史》记明末农民军首领张献忠攻克武昌后在黄鹤楼题诗，并令属下奉和的轶事。

　　黄鹤楼至高无上的荣誉不仅在它彪炳于史册，而且它还被镌刻在共和国最重要的纪念建筑——天安门广场人民英雄纪念碑的浮雕《武昌起义》上。这块浮雕用清代同治年间的黄鹤楼来做辛亥革命武昌起义的地理背景，尽管武昌起义时黄鹤楼的实体已不存在，但它是武昌城的象征。人民英雄纪念碑共有8块浮雕，从鸦片战争以来的中国人民百余年反帝反封建的伟大斗争史，就被浓缩在纪念碑的这八幅浮雕上。八幅浮雕上仅有天安门和黄鹤楼两处名胜，可谓南北双星辉耀。黄鹤楼的声名和影响真不枉宋代著名书法家米芾给它的题字"天下江山第一楼"。

名人因缘

　　除了传说、诗文、典籍，使黄鹤楼名气飞扬高涨的另一个重要原因，是它与历代名人的因缘。粗略统计，从三国到清末，与黄鹤楼有种种因缘

黄盖

朱元璋

的名人不下百余位。其中，有帝王将相、状元才子、文坛巨擘、草莽英雄、各界精英等。最早涉足黄鹤楼的是三国周瑜的部将黄盖。当黄鹤楼还是一座戍楼时，黄盖就在黄鹄矶前的水面和江滩训练水师。《三国演义》第四十六回写黄盖与周瑜智演"苦肉计"，使黄盖成为中国家喻户晓的名人；唐代崔颢、李白在黄鹤楼留下了流传千古的名作；南宋岳飞在黄鹤楼周边屯兵7年，他的府衙就设在黄鹤楼下，脍炙人口的《满江红·登黄鹤楼有感》就在黄鹤楼吟就，他那位备受世代中国老百姓景仰的母亲，也在黄鹤楼下去世；元末农民起义军领袖陈友谅与朱元璋在武昌附近的鄱阳湖决战，陈友谅兵败身亡，接着武昌城被攻破，陈友谅的儿子陈理投降。陈理献上陈友谅用过的镂金床，朱元璋当众在蛇山焚毁，又亲自到埋葬在黄鹤楼旁的陈友谅墓（黄鹤楼景区

内）前凭吊；明末农民起义军首领张献忠攻入武昌后在黄鹤楼题诗；清道光十七年（1837年），湖广总督林则徐在黄鹤楼下焚烧鸦片，开虎门销烟先声；1852年12月到1853年1月，太平天国起义军攻打武昌，起义军在黄鹤楼前的大江上，建造了三座浮桥，终于在黄鹤楼南侧的文昌门攻入城内，洪秀全乘坐黄罗伞轿，由将领、亲兵簇拥，经黄鹤楼下，进入由湖北督府衙门改成的"天朝殿"；晚清，湖广总督张之洞深恶中国旧式军队的陋习，在黄鹤楼旁（今黄鹤楼景区内）训练新军，使其成为中国新式军队的"样板"；1911年10月10日晚，辛亥革命在武昌爆发，起义军在工程营打响第一枪，接着在攻打总督府时受阻，就将大炮拖到黄鹤楼遗址旁的蛇山山脊，向总督府开炮猛轰。炮弹落在督署后院，总督瑞澂魂不附体，令在右墙打洞，从洞中钻出，仓皇出逃，总督府终被攻下，各处敌军停止抵抗。天亮后，起义军在蛇山奥略楼（为纪念张之洞在黄鹤楼故址修建，黄鹤楼被焚后的替代楼）顶，插上一面全然不同于清朝黄龙旗的深红底色的九角十八星旗，武昌城当天中午光复，武昌首义成功；北伐战争时期，军阀吴佩孚将他的指挥部安在奥略楼，而叶挺率领的铁军在黄鹤楼遗址旁的通湘门与守军决战，最终把吴佩孚的残余势力驱逐出武胜关以外；1938年武汉会战时期，指挥全国抗战的国民政府军事委员会指挥部就设在黄鹤楼遗址东的湖北省立图书馆（今黄鹤楼景区内）地下室里。国共两党的重要领导人物，以及郭沫若、老舍、田汉、冼星海等文化精英，经常在黄鹤楼故址前纵览山川，议论国是，或进行抗日宣传。

两大历史巨人孙中山和毛泽东的行踪尤令人难忘。

辛亥革命的第二年（1912年）4月10日下午，孙中山与汪精卫、廖

孙中山与湖北学生合影

仲恺、胡汉民等随从在副总统、湖北都督黎元洪的陪同下，由汉阳门进城登蛇山。孙中山来到黄鹤楼故址纵览浩浩长江，遥望三镇，略有所思地对随从说："天予我取，可用之以道，使地尽其利"，并萌发了在长江汉水上建筑大桥，将三镇连成一片的构想：汉口为商业区、汉阳为工业区、武昌为政治文化区，形成一个大都会。随后，他又来到奥略楼前，对欢迎他的群众发表演说："今天我到武昌城头，奥略楼下，交友谈心，一块畅叙，为平生一大幸事。"接着他要求在场群众和广大国民，要具有第一等国民的思想，以最大的决心和最大的毅力，把国家建设成第一等国。

1926年12月，毛泽东来到武昌，租住在黄鹤楼下的都府堤41号。翌年2月，夫人杨开慧携母亲杨老太、儿子岸英、岸青一道前来同住。3月，杨开慧产下了第三个儿子毛岸龙。毛泽东在此居住期间，主持了中央农民讲习所的工作，培养了800余名农运骨干，完成了著名的《湖南农民运动

考察报告》。他利用繁忙的工作之余，携家人到蛇山黄鹤楼遗址游览。4月，蒋介石、汪精卫先后背叛革命，国内政治形势急剧恶化，毛泽东在党内受到右倾机会主义领导人的排挤，心情十分郁闷，他登临黄鹤楼故址，远眺大江两岸，思绪万千，写下《菩萨蛮·黄鹤楼》一词。1953年2月18日，毛泽东再次来到黄鹤楼故址，为欢迎的群众所包围，为此感叹"真是下不了的黄鹤楼"。1957年9月，他又一次来到黄鹤楼故址游览，当听到计划重修黄鹤楼时，兴致勃勃地说："应当修，这是历史古物。"据统计，从建国到毛泽东去世，他曾36次来到武汉，其中最长的一次生活了168天，他还17次跃入黄鹤楼下的长江，击水中流，极目楚天。他留下的墨宝中有多幅是黄鹤楼诗词。毛泽东的"武汉情结"和"黄鹤楼情结"引发了许多党史研究者、毛泽东研究者和群众的兴趣。对他如此钟爱武汉、钟爱黄鹤楼的原因，比较一致的看法是：第一，毛泽东受屈原、李白等浪漫主义诗人的影响较深，黄鹤楼就是一座被浪漫主义诗词浸泡的阁楼，他的确十分喜爱黄鹤楼；第二，武昌城里，黄鹤楼下，是毛泽东一家唯一团聚过的地方，毛泽东极为怀念他牺牲的妻子和丢失的三儿。他的心，他的情，始终牵挂这里。

为纪念孙中山和毛泽东的登临，1928年和1992年黄鹤楼旁先后建起了"总理孙中山先生纪念碑"和"毛泽东词亭"，供游人瞻仰。

黄鹤楼还与中国现代文坛上的两位巨星鲁迅和郭沫若有因缘。鲁迅先生没有到过黄鹤楼，但他的心是与黄鹤楼相通的。20世纪初，他在编著《古小说钩沉》一书时，辑录了荀瑰在黄鹤楼遇见跨鹤之仙的神话故事。先生还为这个传说详加了注解，他为传承黄鹤楼传说付出了辛勤的劳动。《古小说钩沉》后被收入《鲁迅全集》。郭沫若 1927 年曾陪时任中共中央宣传部长的瞿秋白同游黄鹤楼故址。1938 年他在武汉主持国民政府军事委员会政治部第三厅工作期间，曾采取各种形式，组织和团结文化界人士，在黄鹤楼故址上开展声势浩大的抗日救国活动。1955 年他率团访问日本别府市时，曾吟出"白云千载意，黄鹤为低回"的诗句，借"白云黄鹤"表达中国人民对日本人民的友谊。后别府市专门为此诗建立诗碑。

黄鹤楼 1981 年开始动工复建，工程期间，中共中央主席胡耀邦、全国人大常委会委员长叶剑英、国务院副总理李鹏先后到复建工地现场视察。新楼在 1985 年落成后，党和国家领导人李先念、杨尚昆、彭真、江泽民、朱镕基、乔石、李瑞环、刘华清、胡锦涛、吴邦国、温家宝、贾庆林等，也先后登临了黄鹤楼。

名播海外

黄鹤楼不仅在国内名震遐迩，在国外也有很高的知名度。大约在唐宋，黄鹤楼的名字就传到了日本。鹤是日本国民最喜爱的动物，黄鹤楼因而被广泛传扬。19 世纪末，日本诗词界争相吟咏黄鹤楼，几位诗词界领袖还互相酬唱。许多日本人家里藏有黄鹤楼的图案或绘画，日本邮政部门、军事部门还多次发行黄鹤楼明信片。东南亚各国、韩国、英国、法国、美国、巴西、秘鲁等国和地区都不断有慕名者前来。1985 年以后，先后有近百位外国元首和政府首脑，其中包括四任日本首相，都登临游览了黄鹤楼。随着武汉与许多国家的城市结为友好城市和进一步开放，黄鹤楼这张城市名片，为更多的国外朋友所知晓、所熟悉。

七、人气——天下倾心黄鹤楼

　　黄鹤楼依山傍水，层阁参差，佳境天成。自晋以来，一直是聚集人气的场所，所谓"游必于是，宴必于是"。最令人向往的是每逢节日，它必有盛会，自地方大员到商贾庶民，莫不毕集，游人倾城而出，武昌城近乎半空。人们或登楼凭栏，或水边嬉戏，或吟诗赋词，或采兰赏菊。黄鹤楼周边，人流接踵，车马填塞，热闹非凡。即使它屡遭兵火摧袭，甚至小有破损，又总是被人千方百计地修复。仅清一代，就有"火经三发，工届八兴"之说。"火经三发"是指清康熙三年（1664年）、咸丰六年（1856年）、光绪十年(1884年)三次火灾，

使黄鹤楼严重损毁甚至化为灰烬。"工届八兴"系指清代对黄鹤楼的八次主要修葺，其中五次在"康乾盛世"之内，平均27年就修一次，这在历代名胜古迹修葺工程中是不多见的。据称，乾隆皇帝还亲笔为黄鹤楼题写过"江汉仙踪"的匾额。黄鹤楼不只矗立在蛇山，更是矗立在人们的心头。经过1700多年的历练，它早已伸入城市的

晚清登蛇山进香朝拜的游人

解放初期在黄鹤楼胜像宝塔前看江景的老照片

根脉，成为都市的标志和名片。

　　最令人引以为傲的是，在没有黄鹤楼的日子里，人们会将它旁边的楼阁，甚至干脆把它的遗址直接当做黄鹤楼来登临。清末黄鹤楼旧址的空场上有"三多"：民间艺人多、打卦算命多、小吃摊点多。许多民间艺人都在这里"撂地"献艺，挣钱谋生，其中演出的种类有湖北评书、小曲、渔鼓、三棒鼓、皮影戏、相声、戏剧、武术、杂耍等。算命艺人为招徕生意的乐器、器具多达10余种。这样一所集"游、购、娱、食"等于一体的天然

的游览娱乐场所不可或缺，因为它是城市记忆，是人们的精神圣地，所以，即便是它的替身，同样也可以给人刻骨铭心的震撼。著名历史学家、华中师范大学前校长章开沅先生有这样一段"黄鹤楼印象"：

我的黄鹤楼印象产生于童年。那是在1933年，由于父亲在武汉参与农民银行筹建工作，我们借住在粮道街靠近昙华林一家老宅内。我与姐姐在胭脂路小学读书，记得学校在蛇山上，风景非常优美。有个星期天，父母带我们去黄鹤楼游玩，全家走在久经沧桑的石板路上，经由手工业匠人聚集的青龙巷，出巷口不久便到达黄鹤楼。我们在奥略楼上饮茶，远眺江景与汉水两侧的汉阳与汉口，饭后又到吕祖庙参拜，并且走近"孔明灯"仔细端详。这才发现，我们是站在突出于江岸的黄鹄矶上，只有站在此处的视角与视野，才能真正领略到"孤帆远影碧空尽，唯见长江天际流"的情境。

作为刚满7岁的小学一年级学生，自然谈不上什么文学艺术方面的感悟。但回家后母亲却趁热打铁，教我吟诵崔颢那首千古绝唱："昔人已乘黄鹤去，此地空余黄鹤楼。黄鹤一去不复返，白云千载空悠悠。晴川历历汉阳树，芳草萋萋鹦鹉洲。日暮乡关何处是，烟波江上使人愁。"这简直是一幅全息画卷，白云黄鹤，仙人神话，名阁芳洲，烟波乡愁……从此刻骨铭心乃至融入我的生命，成为我对武汉最为美好的回忆……

其实我与许多顽固的"老武汉"一样，我们并没有见过真正的黄鹤楼，别说千年以上晋代、唐代的黄鹤楼，就连晚清重修的黄鹤楼也未曾亲眼目睹，我们所见到的无非是曾经承载过黄鹤楼的历史遗址。但这遗址也是极其珍贵的，因为它不仅承载过历代不断重建的黄鹤楼，还承载着一千多年以来与黄鹤楼紧密相关的层层文化积累，其价值甚至远远超过黄鹤楼古建筑的本体。

自 1985 年重建以来，经过 27 年的经营，黄鹤楼已经由一个单一的楼体演变成具有 80 多个景点的综合性名胜园，集景观观赏、文化体验、山野休闲为一体的国家 5A 级景区。它西抵武昌闹市司门口，南临辛亥文化园，东止小东门，北至铁路线，全长 1000 余米，宽 300 余米，包括黄鹄山、

武广高铁通车后广东首发团团员合影

殷家山等。全园形成东西南北四个各具独特风格和文化内涵的景区，以及一个延伸出来的山野休闲兼文化体验区。游客亲临不仅可登楼远眺世界都市罕见的两江交汇、泾渭分明奇观，体验世界一流的桥梁文化；而且可以欣赏美轮美奂的楼阁建筑艺术，漫步历史文化遗产小道，以及黄鹤楼诗词碑廊，领略楚文化和黄鹤楼诗词文化的博大精深；还可以面对天地山川寄寓自己的美好情思和愿景。武广高铁、武深高铁通车以后，来自粤、港、澳的游客暴增，"朝饮粤海茶，午食武昌鱼"成为现实，更把黄鹤楼的人气提升到日均接待一万人次以上水平。2010年，武汉被广东评为"最佳国内游目的地"，黄鹤楼功不可没。2012年7月，黄鹤楼被美国有线电视新闻网评为中国"六景"之一。27年内，黄鹤楼接待游客总量已达5000万人次！

第二篇 美轮美奂的黄鹤楼

　　黄鹤楼主楼建筑历史悠邈、源远流长，具有民族独特个性的心理气质和结构。中国古典哲学和美学崇尚"天人合一"、"自然天成之趣"，历代黄鹤楼肇自然之性，成造化之功，汇聚了中国哲学思想和能工巧匠的聪明才智，形成了天趣盎然、气韵生动的风格特征，铸就了高雅的理性品格和深邃的哲思境界，映射出独特的美学精神和气质。

一、高槛危檐势若飞

　　清代最后一座黄鹤楼是在同治七年（1868 年）由湖广总督官文、李翰章，巡抚郭伯荫主持修建的，人们称其为"同治楼"。此楼高 3 层，攒尖顶，四面置抱厦，四翼角出檐间有夹楼，构成十二角尖楼，平面呈四隅补缺形。楼的形状和尺寸按照"河图"和"洛书"（传说为伏羲氏时黄河、洛水中龙马、神龟背负的"天授神物"）的术数设计，以求避凶趋吉。楼高七丈二尺，加铜顶九尺，成九九之数。平面四方代表"四象"，即东、南、西、北四方。

太平天国时期的黄鹤楼

清同治黄鹤楼

清同治黄鹤楼（局部）

外出八角寓意"八卦"。明为三层法"天、地、人"三才；暗设六层合卦辞"六爻"（传为周文王从伏羲八卦推演而成的卜象之一）之数。每楼翼角十二含"十二月"、"十二时辰"等概念。檐柱28根表示"二十八星宿"像；中柱4根代"东、西、南、北"四维。屋檐360个斗栱合周天360度；屋脊72条示全年"七十二候"（旧历法以五日为一候）。楼内天花，一层绘八卦，二层绘太极，合日月经天，明阴阳之象。楼顶攒尖共5个，蕴金、木、水、火、土"五行"之意。楼顶紫铜葫芦3层，表示受到"三元"之托等。此楼耗银3万余两，历时10个月建成，其时国内著名建筑工匠杨玉山、段德文、杨宝玉等千余名能工巧匠均为黄鹤楼的修造施工煞费苦心。光绪十年八月初四日（1884年9月22日）晚七时半，武昌汉阳门外一张姓骨货作坊因学徒持油灯上小阁取物，失手将油灯倾落，顿时将这一茅草作坊点着并引

发大火，迅速延及黄鹤楼，烧至八点多钟，黄鹤楼向南倒坍化为灰烬，楼内一60余岁卧病老道人被烧死。

1985年建成的新楼以清代"同治楼"为原型设计，设计师为著名建筑家向欣然。之所以选用清同治楼为原型设计，有三个原因：其一是清楼的形象最为黄鹤故里的人民所熟悉，百余年来家喻户晓，具有广泛的群众基础。其二，清楼的形象是唯一有确切证明的真实而具体的历史形象，有多幅照片传世。而据史料记载，至少从明代中期起直到清末的300多年的时间内，屡毁屡建的黄鹤楼大体上保持着与清同治楼类似的建筑式样。第三，清楼的造型具有鲜明的个性，它拔地而起，高耸入云，飞檐凌空，势欲飞动，表现出一种壮美和神奇的特征。以清楼为原型设计建造新楼，可以集中表现历代黄鹤楼的气质神韵。

新楼呈"塔式"体形，但更加"高、飞、雄、奇"。它坐落在海拔高度61.7米的蛇山顶。基座为三层花岗岩平台，四周有石雕栏围护。楼高五层，总高度51.4米，比清同治三层楼高出约20米。建筑平面为折角正方形，周边呈曲尺形，底层长宽各30米，中层各20米，顶层各18米，建筑面积3219平方米。整座楼层层有飞檐，每层飞檐有12个翘角。72根圆柱拔地而起，宛如磐石，雄浑稳健。60个翘角凌空舒展，恰似黄鹤腾飞。楼的屋面用10多万块黄色琉璃瓦覆盖，正与"黄鹤"之色相同。其他梁柱门窗则饰以赭红色油漆，配以檐下淡雅的青绿彩画。在蓝天白云的映衬下，黄鹤楼色彩绚丽，雄奇崇伟。

楼的造型分上、中、下三段处理。第一段是底层，长宽各30米，层高12.3米，其间6米高处为跑马廊及接待厅。四周以宽大的抱厦（门廊）

美轮美奂黄鹤楼

黄鹤楼剪影

环绕，门廊宽 3 米。二、三、四层是第二段，它直通向上，不作"收分"（即逐层收缩），每层长宽各 22 米，二层高 7.1 米，三、四层各高 6.6 米，至五层楼面处高程为 32.6 米。第三段是顶层，长宽各 18 米，顶部空间为水箱间和电梯机房。各层都设有大厅、回廊，不仅可供人凭栏远眺，而且使高大的楼体更显轻盈灵活。

屋顶直接取用清楼形制："攒尖顶"上托着葫芦形的宝顶。基座为荷

春满鹤楼

情溢鹤楼

叶边式样，中部宛如宝葫芦。顶端的红色球形航空障碍灯直径 0.8 米。楼顶以中央的"攒尖顶"为核心，四面各突起一座"歇山顶"的骑楼。骑楼下的两块博风板之间，分别悬挂一大匾。每块匾长 5.5 米，宽 2.7 米。正面（西面）的一块正对长江，遒劲有力的"黄鹤楼"三字是原中国书法家协会舒同的手迹。南面的"南维高拱"四字为湖北省书法家协会名誉主席李尔重所写。东面原为"远举云中"，今改为"楚天极目"四字，由辛亥革命老人喻育之所书。北面的"北斗平临"四字则为水利工程专家陶述曾所写。

全楼五顶并立，主次分明。屋顶轮廓高低错落，跌宕有序，与楼体浑然一体。

楼的檐角均向上挑起，形成层层飞檐。每层屋脊上装饰着造型奇特的"鱼尾"。屋角下雕刻着别具一格的"龙头"。每个飞檐翘角下悬着铜铃。铃高33厘米，直径22厘米，重约10公斤。铃锤上带有四面风叶，风起铃起，玉音悠远。

飞檐下面，井然有序地排列着斗栱和撑栱。斗栱即檐下成朵、突起装饰物，它是中国古代建筑特有的构件，向人们述说着黄鹤楼历史的悠久；撑栱即柱端与挑梁之间的支木，它是楚地民间建筑中习用的结构装饰手法，展示了楚文化的独特魅力。

二、文心画境映壁辉

沿着石梯，登上平台，走过护栏，便来到黄鹤楼的底层。正面（西面）大门正上方的大匾上是原中国书法家协会副主席赵朴初书写的"气吞云梦"四字。匾长3.5米，宽1.5米。门两边的圆柱上挂有一副木刻楹联。楹联由原南京艺术学院名誉院长刘海粟撰书：

> 由是路，入是门，奇树穿云，诗外蓬瀛来眼底；
>
> 登斯楼，览斯景，怒江劈峡，画中天地壮人间。

沿着底层的门廊来到楼的南门。大门上方的门匾上是原湖北省书法家协会副主席黄亮书写的"势连衡岳"四字。门两旁的楹联为湖北大学教授朱祖延撰，朱乃正书：

> 飞阁出重霄，环顾三楚风云，顿觉诗情收眼底；
>
> 名城传盛事，相迎五洲宾客，常怀友谊话楼头。

东面入口处的门匾上是原全国政协副主席方毅书写的"簾卷乾坤"四字。门前的楹联由原广州美术院院长关山月撰书：

龟伏蛇盘，对唱大江东去也；

天高地阔，且看黄鹤再来兮。

北门门匾上是原湖北省书法家协会副主席邓少锋书写的"云横九派"四字。门前楹联由原中国书法家协会常务理事黄苗子书写：

鹤舞帆飞，两水浪开东海日；

楼成景换，五洲客醉楚天春。

推开钢制格扇大门，走进一楼大厅。大厅分前、后两厅。前厅宽22米，深14米，高12米。地面用花岗岩镶铺。空中高挂着两个长1.7米，每方

一楼大厅

宽 0.9 米，绘有松鹤图案的六方形宫
灯。顶上装有彩色藻井，绘有鹤形图
案，显得古香古色、五彩斑斓。厅内
16 根圆柱直通楼顶。前面正中的两根
柱子上挂着一幅长达 7 米，由清代符
秉忠撰、原中央美术学院名誉院长吴
作人书的名联：

爽气西来，云雾扫开天地撼；

大江东去，波涛洗净古今愁。

前厅正面的厅壁上是一幅大型陶
版壁画，名为《白云黄鹤图》。壁画
高 9 米，宽 6 米，由 756 块彩色陶版
镶嵌而成。画面分为天上、人间两部
分。天上，仙人竹笛横吹、驾鹤腾飞；
人间，众人载歌载舞，欢聚黄鹤楼楼
前。楼前是郁郁葱葱的林木，四周有
大片的白云缭绕，背后是滔滔江水。
整幅画面呈现出欢乐、浪漫的意境。

陶瓷壁画《白云黄鹤图》

壁画由中央美术学院周令钊精心创作，宜昌陶瓷厂烧制，展示了黄鹤楼的
设计者为一楼大厅确定的艺术主题——"神话"。

一层楼的后厅较小，宽 10 米，深 4 米。两根大柱上挂着由清代宋荦撰、
原中国书法家学会理事王遐举书写的对联：

何时黄鹤重来，且自把金樽，看洲渚千年芳草；

今日白云尚去，问谁吹玉笛，落江城五月梅花。

厅壁正中的上方挂着一块大匾，上面是原湖北省书法家协会副主席周华琴书写的"水光山色"四字。匾的下边是一幅木刻的《黄鹤楼》，介绍了黄鹤楼的古今兴废史。木刻的解说词文字简洁，由原武汉市书法家协会副主席黄德琳书写：

黄鹤楼是蜚声中外的名胜，它屹立在蛇山原黄鹄矶头。登楼远眺，气势雄伟；俯瞰江流，景色壮丽，自古有"天下绝景"之称。

黄鹤楼始建于吴黄武二年（公元二二三年），距今已有一千七百余年的历史。当时建楼仅作为军事瞭望和指挥之用，后随朝代更迭，形势变迁，逐步成为游憩之所和形制完美的游览胜地。

黄鹤楼名的由来，因楼建在黄鹄矶（古"鹄"与"鹤"通义）上，因地名楼，故而得名。

黄鹤楼兴废沿革、损毁重修的情况，在宋以前已无史料可考。宋代黄鹤楼，诗文碑刻记载是濒临大江、错落有致的建筑群。但毁于何时尚无考证；明代黄鹤楼史书记载毁建七次，最早建于明洪武年间，最后毁于崇祯时期；清代黄鹤楼毁建六次，最后于光绪十年（公元一八八四年）被火焚毁。那次大火，楼内文物荡然无存。黄鹤何年去不归。整整一百年，人们迫切期望黄鹤楼重建。

人民政府顺民意，适国情，重视保护名胜古迹。一九八〇年七月，国家拨款，群英集智，重建黄鹤楼。今天，一座高标巍峨、宏伟精湛的黄鹤楼矗立在蛇山之巅。黄鹤归来，江山增色，登高览胜，情溢胸怀。

三楚风云传盛事，千古江山独此楼。

一层楼前、后厅之间设有电梯间。两部电梯一次可载送24人直达顶层。电梯间的两侧是楼梯，供游客步行上下。

从一层楼顺梯往上，便来到一、二层之间的夹层。绕着夹层前厅的是一个跑马廊，其南北两侧原为黄鹤楼文献、书画陈列室，现为香币、玉石、书画等工艺品的经营部。南面陈列室门前的楹联由当代诗人洪源撰、上海书法家钱君匋书：

万古河山，胜迹常留，叹百年时运维艰，三楚名楼曾付火；

千秋邦国，韶华永驻，看一代英雄谋略，九霄仙鹤又乘风。

北面陈列室门前的楹联由清代濮文彬撰、原中国书法家协会常务理事刘炳森书：

亭畔驻仙车，忆黄鹤来时，铁笛一声惊世梦；

矶头留圣迹，看白云深处，梅花数点引清风。

跑马廊的西侧是主楼管理办公室。门前的楹联由清代刘维桢撰、香港书画家赵少昂书：

襟江带湖，撑天拔地，喜今番古迹重新，独当半壁；

望云招鹤，载酒题诗，愿从此斯楼无恙，永镇中流。

沿跑马廊到后厅，夹层的东面是来宾接待室。室内面积约32.5平方米（5.7×5.7米）。黑色大理石地面上铺有红色地毯，四周摆放着一圈红木茶几。墙壁上的一幅壁画长10米、宽1.5米，画名《辛氏酒家》，它重现了关于黄鹤楼起源的古老神话传说。壁画由中央美术学院戴士和创作、绘制。

黄鹤楼第二层楼大厅的艺术主题是"历史"。厅内陈列着唐、宋、元、

二楼大厅

《孙权筑城》瓷砖壁画

《周瑜设宴》瓷砖壁画

明、清及现代黄鹤楼的模型。正中墙壁上镶嵌着崇阳县出产的大幅青石板。石板上镌刻着唐代阎伯理撰、当代书法家王遐举书、陈继祥和安志友雕刻的《黄鹤楼记》，记载了唐代黄鹤楼的历史风貌。

在石刻《黄鹤楼记》的两侧，各有一幅仿汉代瓷嵌壁画，画面古朴凝重。右边的一幅为《孙权筑城》，以石工背石登山的画面，再现了三国时孙权率军在临江负险的黄鹄矶上筑城建楼，以瞭望江面敌情的历史场景。左边的一幅为《周瑜设宴》，描绘了周瑜为讨还荆州在黄鹤楼设宴，企图谋害刘备，而诸葛亮神机妙算帮助刘备脱险的古老传说。两幅壁画均由中央美术学院孙景波创作。

黄鹤楼第三层的正面是一幅大型陶瓷壁画《人文荟萃·风流千古》。它是三幅相连的绣像组画，描绘了唐宋时期 13 位文化名人的潇洒风姿，

三楼大厅

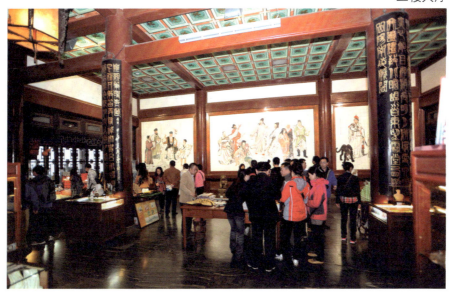

并选录他们歌咏黄鹤楼的诗词为题款，分别写在画像的旁边。画像图文并茂，人物如真人般大小，形象栩栩如生，由中央美术学院华其敏创作，山东淄博陶瓷厂烧制。

13 位诗人从左到右，其姓名与诗词分别是：

杜牧

黄鹤楼前春水阔，一杯还忆故人无。

白居易

江边黄鹤古时楼，劳致华筵待我游。

楚思淼茫云水冷，商声清脆管弦秋。

风流千古陶瓷壁画之一

刘禹锡

梦觉疑连榻，舟行忽千里。

不见黄鹤楼，寒沙雪相似。

王维

城下沧江水，江边黄鹤楼。

朱栏将粉堞，江水映悠悠。

崔颢

昔人已乘黄鹤去，此地空余黄鹤楼。

黄鹤一去不复返，白云千载空悠悠。

李白

故人西辞黄鹤楼，烟花三月下扬州。

孤帆远影碧空尽，惟见长江天际流。

孟浩然

昔登江上黄鹤楼，遥爱江中鹦鹉洲。

洲势逶迤绕碧流，鸳鸯鸂鶒满滩头。

风流千古陶瓷壁画之二

贾岛

高槛危檐势若飞，孤云野水共依依。

青山万古长如旧，黄鹤何年去不归。

顾况

黄鹄徘徊故人别，离壶酒尽清丝绝。

绿屿没余烟，白沙连晓月。

宋之问

清江浮暖日，黄鹤弄晴烟。

岳飞

何日请缨提锐旅，一鞭直渡清河洛。

却归来，再续汉阳游，骑黄鹤。

风流千古陶瓷壁画之三

陆游

苍龙阙角归何晚，黄鹤楼中醉不知。

江汉交流波渺渺，晋唐遗迹草离离。

范成大

谁将玉笛弄中秋，黄鹤归来识旧游。

汉树有情横北渚，蜀江无语抱南楼。

厅前立柱上的楹联为清代王镇藩所撰、原中国书法家协会常务理事陈大羽书：

形势出重霄。看江汉交流，龟蛇拱秀，爽心豁目，好消受明月清风。更四顾无边，尽教北瞻岘首，东望雪堂，西控岳阳，南凌滕阁；

沧桑几度劫。举名公宴集，词客登临，感古怀今，都付与白云夕照。溯千年以往，只数笛弄费祎，酒贳吕祖，诗题崔颢，笔搁青莲。

黄鹤楼第四层楼的大厅是接待厅。黑色大理石地面上铺着红色地毯，空中挂着 12 个仿古宫灯，正厅挂着《古黄鹤楼》壁画，厅前的大匾上是由著名书法家曹立庵书写的李白诗"长江万里情"五个大字，四周挂着启功、沈鹏、范曾等当代著名书法家的 50 多幅书法作品。大厅以仿古雕花格扇和红木屏风相间隔，厅内备有文房四宝，供游客即兴赋诗题词、泼墨作画。整个大厅布置得古色古香，文雅备至，表现了黄鹤楼设计者为此层楼大厅确定的"传统"艺术主题。

黄鹤楼的第五层是全楼的顶层。大厅空间高敞，天花、藻井金碧辉煌。厅前圆柱上的楹联由清代萨迎阿撰、原中国书法家协会副主席沙孟海书：

四楼大厅

五楼大厅

一楼萃三楚精神，云鹤俱空横笛在；

二水汇百川支派，古今无尽大江流。

大厅四周是直接绘于壁上的大型壁画《江天浩瀚》，由中央美术学院楼家本创作。壁画共 10 幅，面积 90 余平方米，全部采用写意渲染的国画技法精心绘制而成。正中壁上的三幅是组画的中心，分别描绘了长江的古老文化、汹涌波涛和黄鹤楼的兴废变迁。其他七幅绕大厅一周，分别表现的主题是：长江流源、上游瀑布、三峡风光、庐山奇景、太湖风光、江流入海及沧海横流。十幅壁画从大禹治水、屈原行吟到李白醉酒、岳飞抗金……完整地表现了万里长江的自然风貌和人文风采，体现了这一层楼大厅所内含的艺术主题——"永存"。

大厅的四门两侧都挂有楹联。

西门楹联为清代方维新撰、原中央工艺美术学院院长张仃书：

对江楼阁参天立；

全楚山河缩地来。

南门楹联为清代何元恺撰、原江苏省书法家协会副主席费新我书：

临高台而极目，看大别垂杨，郎官春草，凤凰远岫，鹦鹉芳洲，写不尽万家烟景，更兼着帆随岸转，汉接天回。想仙人弭节归来，邂逅相逢应顾笑；

沥浊酒以抒怀，问陶公战舰，庾令胡床，白石词锋，青莲彩笔，又谁知千载英雄，都付与江上清风，山间明月。剩我辈当歌痛饮，苍茫独立自吟诗。

东门楹联为原武汉画院名誉院长闻钧天撰、原中国版画家协会副主席

赖少其书：

灯月欲扶人，更上琼楼，酒胆生芒，茶肝慰渴，且重论汉鹤唐诗，屈子忧离乡国恸；

云霞迎曙旭，只研朱墨，眉痕蕴黛，波练凝辉，好共写蜀峰吴甸，天门中断楚江开。

北门楹联为清代罗群英撰、原中国书法家协会副秘书长刘艺书：

远望认蟾宫，绮窗八面风云幻；

重来攀鹊岭，长笛一声天地空。

大厅四周有外廊环绕，游客可四面凭栏远眺。此时，大江滔滔，龟蛇葱茏，高楼林立，车辆如流，江山如画，尽收眼底。叹古思今，令人浮想联翩，思绪万千。

第三篇　诗词浸泡的黄鹤楼

　　漫长的封建社会里，在政治黑暗、战乱不断的多重压力下，士大夫厌恶纷芜繁杂、钩心斗角的官场生涯和束缚身心自由的名教礼法，纷纷洁身远祸，寄情山水。黄鹤楼得江山形胜之精华，历代诗人词客在这里不仅找到了理想中的心灵休憩之地，更重要的意义在于士大夫的宇宙观和人性理论获得了高度融洽统合。他们通过黄鹤楼来滋养"天性"，在吟咏、审美过程中，使心灵得到净化，使人性得以复归，达到"天人合一"这个宇宙间无处不见、但却至精至微的和谐境地。即令无缘亲临其境的，也是千里情牵，赋咏不绝。所以，历代产生的黄鹤楼诗词不绝于缕。明万历年间，曾有任家相等人增补前武昌知府孙承荣等编的有关黄鹤楼的诗文集，并付刊行，名为《黄鹤楼集》。集中收集从南北朝到明神宗时的诗文 400 余篇，自此书刊行后，明后期又经历百年，其间不少诗人写过咏黄鹤楼的诗文。清代 200 多年间，吟咏黄鹤楼的诗人之多和作品之富，都超过了前代。据粗略统计，现存古代名家之作竟达千余首，其他人作品不可数计，说黄鹤

楼"浸泡"在诗词之中实不为过。
这些优美的诗词，辉前烛后，盛传
不衰，不仅为黄鹤楼这座千古名楼
增添了诗情与浪漫，为中华诗词宝
库增添了灿烂的华章；而且还播芳
海外，光彩汉学，成为人类共享的
文化资源。

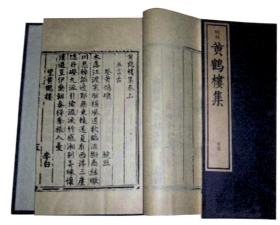

《明刻黄鹤楼集》书影

　　黄鹤楼诗词源远流长，它发端
于南朝刘宋，与中国山水诗的开始
成熟同步。汉末魏晋南北朝是中国政治上最混乱、社会上最苦痛的时代，
然而却是精神史上极自由、极解放、最富有艺术精神的一个时代。时人已
经认识到自然山水中有一种无形、无声、无味的"道"的存在。用艺术形
式来感悟、表现这种"道"的意味，将个体的生命融化进宇宙的大生命中，"与
天地精神相往来"，会给人的精神带来极大的审美愉悦。中国古代的山水画、
山水诗就在这一时期勃兴。黄鹤楼诗词从这一时期诞生起，往后发展几乎
没有低谷，始终浩浩荡荡，一往无前。而一部黄鹤楼诗词史，可以说是中
国山水诗词史的缩影，中国山水诗词发展史各个阶段的许多重要流派的代
表性作家都在黄鹤楼留下了优美的华章。

一、黄鹤楼诗词的艺术特征

　　黄鹤楼诗词的题材大抵可以分作七类：登高、别情、感时、宴饮、游仙、
咏史、叙事。作品各具风格，所以黄鹤楼诗词呈现出千姿百态、绚烂夺目

欧阳中石书清彭而述《再登黄鹤楼》

的光彩。纵观这些作品，其整体的艺术特征主要有三点：

第一，极力描摹黄鹤楼的伟姿及山川形胜，表现大自然和黄鹤楼独特的美。

黄鹤楼及其周边地区，拥有不可企及的自然资源和景观资源，历代诗人词客都把他们细腻的笔触投向巍峨的崇阁，浩淼的江流，静谧的山林，不惜浓墨重彩地描绘出一幅幅精美的山水画卷。

"高槛危檐势若飞，孤云野水共依依。"（唐·贾岛《黄鹤楼》）是从下向上仰观高峻的黄鹤楼像振翅欲飞的黄鹤；

"汉水横冲蜀浪分，

危楼点的拂孤云。"（唐·杜牧《寄牛相公》）是由上往下俯视一无所挡的汉水涌入长江的磅礴气势和壮观景象；

"白云蔽黄鹤，绿树藏鹦鹉。"（唐·李群玉《汉阳春晓》）是写云树；

"芦叶满汀洲，寒沙带浅流。"（宋·刘过《唐多令·重过武昌》）是写洲沙；

"层楼高峙，看槛曲萦红，檐牙飞翠。"（宋·姜夔《翠楼吟》）是写颜色；

"楚思渺茫云水冷，商声清脆管弦秋。"（唐·白居易《卢侍御与崔评事为予于黄鹤楼致宴，宴罢同望》）是写声音；

"江山花楼浩气间，满帘春色见群山。"（唐·李群玉《黄鹤楼》）是写春景；

"四顾山光接水光，凭栏十里芰荷香。"（宋·黄庭坚《鄂州南楼即事》）是写夏景；

"黄鹤楼前木叶黄，白云飞尽岸茫茫。"（元·陈孚《登黄鹤楼》）是写秋景；

"乱山积雪寒森玉，疏树回晴远漏金。"（清·王文治《冬日登黄鹤楼》）是写冬景；

"四面生白云，中峰倚红日。"（唐·李白《望黄鹄山》）是写日景；

"星汉淡无色，玉镜倚空浮。"（宋·范成大《水调歌头·中秋饮南楼》）是写夜景。

这些优美的诗句，风流映照千古，使更多的洪笔丽藻之士倾慕鹤楼，为之歌咏。

范曾书唐孟浩然《鹦鹉洲送王九之江左》

第二，酣畅倾泻内心感情，揭示出各自丰富的内心世界。

黄鹤楼是天人对话的最佳场所，自然景物一经诗人摄入眼帘，就会触发诗人的内心情感，感情的闸口顿时洞开，浓情放纵奔涌。

"云点翠云裘，送君黄鹤楼。黄鹤振玉羽，西飞帝王州。凤无琅玕实，何以赠远游？徘徊相顾影，泪下汉江流。"（唐·李白《江夏送友人》）把黄鹤高飞比作友人西行，将自己喻作是没有玉树栖息的孤凤。忧伤、孤独、无依的心情如同汉江之水。

"黄鹤楼又有新诗。拈断吟髭，笑把霜毫，满写乌丝。"（元·周德清《蟾宫曲·送客之武昌》）对即将分离的老友，表达自己内心良好的祝

76

愿：希望笔锋常健，时有新作。

"昔闻崔颢题诗处，今日始登黄鹤楼。黄鹤已随人去远，楚江依旧水东流。照人唯有古今月，极目空余天地秋。借问吕翁旧时笛，不知吹破几番愁。"（明·沈周《黄鹤楼》）不说自己愁有多少，而以借问吕仙长笛能吹破几番愁作结，巧妙地表达了胸中的愁绪。

"落日江流带女墙，飞楼百尺俯苍茫。筵前却怪当年事，鹦鹉何缘滞楚乡？"（明·陆渊之《黄鹤楼》）祢衡是山东临沂人，被杀后埋葬在鹦鹉洲上。结句用设问来表达深深的哀婉。

第三，精心营造诗词意境，使作品具有深厚的美学涵蕴。

意境是指诗词中所描绘的生活图景和表现的思想感情融合而成的艺术画面，是诗词的灵魂。黄鹤楼秉造化之神秀，阴阳晦冥、晴雨寒暑、朝昏昼夜，时移景变，有无穷变化，为诗词意境的酝酿提供了条件。

"诗佛"王维（701～761年）有《黄鹤楼送康太守》：

> 城下沧江水，高高黄鹤楼。
>
> 朱栏将粉堞，江水映悠悠。
>
> 铙吹发夏江，使君在上头。
>
> 郭门隐枫岸，候吏趋芦洲。
>
> 何异临川郡，还劳康乐侯。

王维有高深的美术和音乐修养，是一位多才多艺的诗人。"诗中有画，画中有诗"这句名言，源自苏轼对王维诗歌的评价。王维由于精通音律，中进士后被任命为大乐丞，但不久因伶人偶不谨慎，私自表演了只能为皇帝表演的黄狮子舞而受到牵累，被贬到济州当了一个司仓参军的小官。后来他回到京城，也不得志。一生经历了多次政治变故，加上他全家信佛，特别是他的母亲崔氏笃信佛教，曾拜禅宗北宗领袖神秀的弟子大照禅师为师，思想上受佛道影响很深，于是他的政治热情逐渐变冷，开始半官半隐。中年丧妻以后，终身独处。《旧唐书》说他在京城每天给10多个和尚供饭，天天跟他们谈禅。他屋里什么也没有，只有茶壶、药臼、经案、睡床而已。退朝以后，焚香独坐，以禅诵为事。所以，他的许多诗都带有禅味，后人以"诗佛"将他与"诗仙"李白、"诗圣"杜甫并称。这首诗以非常平易的语言写景，恰似一幅清淡水墨的江边送别图，连结句的慰勉之词，也是写得清淡如水，不动感情，反映了诗人随遇而安、与世无争的禅悦心态。波平云净，人心自净，澄澈恬淡，情融禅境。

"青天飞来凤凰峰，赤霞掩映仙人宫。烟波微落溟海接，云气翕忽蓬莱通。四时帘卷楚天雨，万里帆开巫峡风。"（明·夏言《秦凤山招饮黄鹤楼，次西涯原韵》）这是明代宰相夏言笔下的黄鹤楼：青天、赤霞、云海、仙宫、蓬莱、巫山，一派神奇瑰丽的、道家梦寐以求的仙境。

"半钩新月上孤城，还照江楼与江水。晴江依旧泻浔阳，黄鹤无由归故乡。一声玉笛起何处，燕扑阑干花影长。"（宋·周弼《黄鹤楼歌》）夕阳下的黄鹤楼头新月如钩，不知何人吹起了玉笛，撩人的笛声引得燕子急欲归巢，西坠的落日照在花树上，留下长长的影子。诗情画意交织在一起，意境高绝，令人遐思。

"武昌雄踞胜荆州，混合江湘接汉流。鸥鹭都忘争战事，一楼明月坐西楼。"（清·张之洞《黄鹄矶》）江山险要，鸥鹭竞翔，明月依旧。全诗

动静结合，貌似写景，却将国势衰微、内忧外患的深沉愁绪融进诗中，呈现出一幅狼烟即起的战前图卷。

二、黄鹤楼诗词之最

最早吟咏黄鹄矶、黄鹤楼的诗

迄今所能见到的最早咏黄鹄矶的诗，是南朝宋鲍照的《登黄鹄矶》。鲍照（415～470年），字明远，祖籍东海（今山东郯城），出生于建康（今南京），家境贫寒，父亲早逝。他从小生性聪慧，加上勤奋好学，诗文均有盛名。26岁时曾谒见临川王刘义庆，毛遂自荐，开始没有受到重视，于是打算献诗来得到刘义庆的赏识。有人听说了，就讥讽他说："你的地位卑微，不要自找麻烦，用什么诗去忤怒大王。"鲍照愤怒地回

张之洞

鲍照

答:"历史上被埋没的英才数不胜数,大丈夫不能终日碌碌无为,怀抱着燕雀一样的志向。"于是贸然献诗。刘义庆读完鲍照的诗,大为欣赏,赐给他 20 匹帛,不久,将他提升为国侍郎。后来他担任临海王刘子顼的前军参军,因此被后人称为"鲍参军"。大明八年(464 年)孝武帝去世,刘宋王室为争夺帝位自相残杀。在动乱中,鲍照被乱兵杀害于荆州城内,年仅五十余岁。

鲍照是南北朝时期最杰出的诗人,现存诗文 240 篇,著有《鲍氏集》10 卷。他受中国山水诗奠基人谢灵运的影响颇深,并与谢灵运、颜延之并称"元嘉三大家"。在中国诗歌发展史上,"谢鲍"并称且各有贡献。谢灵运创立了山水诗,鲍照则为歌行体和七言诗的发展开辟了道路。在当时门阀制度下,鲍照虽有报效国家的大志,仍然受到歧视,以致仕途坎坷,所以他的诗作能大胆揭露统治者的暴政,表现不为世所用的愤慨和对人民的深切同情。他的诗对后来诗人的影响很大,唐代李白、岑参、杜甫等人均努力效法他。杜甫曾以"俊逸"二字来称赞他的诗。

这首《登黄鹄矶》作于南朝宋大明六年(462 年)作者由新渚(今南京)到荆州赴任(参军)途中:

木落江渡寒,雁还风送秋。

临流断商弦,瞰川悲棹讴。

适郢无东辕,还夏有西浮。

三崖隐丹磴,九派引沧流。

泪竹感湘别,弄珠怀汉游。

岂伊乐饵泰,得夺旅人忧?

诗中写他自伤身世、怀才不遇又羁旅他乡的凄苦心情，流露出一种悲凉的情调，特别是末句直抒胸臆：难道仅仅有美妙的音乐和丰盛的食品，就能消除旅人的忧愁吗？语言平直，苍劲遒逸，沉郁内敛。在创作手法上沿袭了鲍照山水诗的风格：写景的成分很多，并且脱尽了当时谈玄说理的风习；喜欢选择动态的景物，以构造心中的意象，写得具有动感；修辞上多用对偶，讲究字句的精雕细琢。

最早吟咏黄鹤楼的诗是唐代诗人宋之问（约 656～712 年）的《汉江宴别》：

> 广汉不分天，舟移杳若仙。
>
> 清江浮暖日，黄鹤弄晴烟。
>
> 积水移冠盖，遥风逐管弦。
>
> 嬉游不可极，留恨此长川。

宋之问字延清，又名少连，上元二年（675 年）进士，官至考功员外郎，为当时著名的宫廷诗人，著有《宋之问集》。《隋唐嘉话》载：一次武则天游览龙门，命群官赋诗，先成者赏锦袍一件。左史东方虬马上就献了一首，他回到位置上还没有坐稳，宋之问的诗也献上去了。武则天看了，认为无论是文采还是义理，宋诗都要高于东方。群臣看了，也莫不认为宋诗高人一筹。于是锦袍被宋之问夺得。宋之问虽然诗写得好，在中国诗歌发展史上有一定地位，特别是对五言律诗的定型发挥过作用；但他大节有疵，喜爱奉承权贵，他曾因先后谄事宠臣张易之和安乐公主，陷入了统治阶级内部的政治漩涡，被贬钦州。玄宗先天年间将他赐死于徙所。

此诗于他早年奉使南行路过黄鹤楼而作。全诗格调清新，情景交融，对仗工整，"清江浮暖日，黄鹤弄晴烟"不仅托出了黄鹤楼的全景，而且"浮"、"弄"两个动词，恰如其分地使景物跃然纸上。尾句"嬉游不可极，留恨此长川"更是语在双关：既表达了山川浩渺崇高，游览不能尽心的遗憾；又流露出谄事权贵的无奈和悔恨。这首诗代表了他所擅长的五言律诗水平。

最具影响、最高知名度的黄鹤楼诗

黄鹤楼诗词中，最享盛名的当属唐代诗人崔颢的《黄鹤楼》：

昔人已乘黄鹤去，此地空余黄鹤楼。

黄鹤一去不复返，白云千载空悠悠。

晴川历历汉阳树，芳草萋萋鹦鹉洲。

日暮乡关何处是，烟波江上使人愁。

1916 年的晴川阁

崔颢（704？～754年），汴州（今河南开封市）人。开元十一年（723年）进士。早年长期生活在长安和洛阳，曾到长江中下游游历。天宝中为司勋员外郎，人称崔司勋。崔颢年轻时作诗，有很多内容写宫女的生活与苦闷，立意浮艳，讲究语言的华美，诗显得比较轻薄。从军后诗风大变，所作的边塞诗，大多写兵士的英勇、艰苦和他们的豪情

崔颢

壮志，格调高亢，风骨凛然。崔颢作诗十分刻苦，时常吟得废寝忘食，因而老是生病，时人以"苦吟诗瘦"来评价他。

此诗开头从楼名着笔，从广阔空间和漫长时间的背景上，烘托出天长地久、世事苍茫之感，同时显示出作者对古人成仙得道的羡慕之情和自己事业无成的落寞之感。诗人本有报国之心，却未能施展，因而产生离世心情。但是当他把眼光转向近处景色时，又勾起他浓浓的乡愁。全诗情景交融，色彩鲜明，意境优美，为千古传诵。古人有"文以气为主"之说，此诗前四句看似随口说出，一气旋转，顺势而下。"黄鹤"二字再三出现，首联的五六字同出"黄鹤"，第三句几乎全用仄声，而且也顾不上对仗，用的全是古体诗的句法。作者依据诗以立意为要的原则，不拘常规，写出了七律中罕见的诗篇。

崔颢一生作诗并不多，《全唐诗》收他的作品共42首。但因为这首《黄

鹤楼》，崔颢跻身中国古代最著名诗人之列。南宋文论家严羽推此诗为"七律第一"；清人沈德潜曾评价道："意得象先，神行语外，纵笔写去，遂擅千古之奇。"元人辛文房《唐才子传》记李白登黄鹤楼本欲赋诗时见此诗，曾叹道："眼前有景道不得，崔颢题诗在上头"，因而搁笔。而从唐代芮挺章《国秀集》以来的 1200 余年间，凡是唐诗的选本或总集，几乎没有不收这首千古佳作的。当代学者考证统计，此诗的引用率为唐诗之最。著名诗词学家、武汉大学教授王大鹏在他主编、中华书局 2011 年出版的《唐诗排行榜》中，将此诗排在榜首。现代文坛还有一则鲁迅剥诗《黄鹤楼》的逸事。1933 年 1 月，侵华日军步步紧逼，企图占领华北，国民党达官贵人消极抵抗，一面将文物装箱南运，令大学生停课；一面沉溺在北京大大小小的妓院、烟馆、舞场中逍遥作乐。1 月 31 日，鲁迅先生写了一首诗来讽刺国民党："阔人已乘文化去，此地空余文化城。文化一去不复返，古城千载冷清清。专车队队门前站，晦气重重大学生。日薄榆关何处抗，烟花场上没人惊。"这首诗全套《黄鹤楼》语句，后两句套得由为精妙。

　　尤其令人称奇的是：当代大、中、小学，甚至幼儿园使用的教材，都选有崔颢《黄鹤楼》诗。不同文化背景、不同年龄层次的读者，都能从此诗中领会到中华诗词的魅力。历史名楼黄鹤楼，也因为这首诗的传布广远而被称为"崔氏楼"。

最绚丽多彩的黄鹤楼诗

　　在历代诗词名家中，与黄鹤楼最有机缘、诗缘的，恐怕是诗仙李白（701～762 年）。

李白长在四川，自小聪明过人，不仅博览群书，而且爱好剑术，有任侠之风，受道教影响较深。25岁出峡到江陵与司马承祯相遇。司马承祯是南朝道教最重要人物陶弘景的三传弟子，与李白相遇时，他已年届八旬。他称李白"有仙风道骨，可与神游八极之表"。开元十三年（726年）夏李白与蜀中友人吴指南同游洞庭湖时，吴指南不幸去世。

李白

李白伏尸痛哭，后将吴指南葬于洞庭湖边，即赴金陵。开元十五年（728年）李白再到洞庭湖，挖出吴指南的尸体，将骨上腐肉削尽，并洗骨裹之，背负而走，借贷将友人安葬于鄂城（今武昌）之东黄鹤楼附近。传说黄鹤楼是修炼升天的地方，李白洗骨葬友于黄鹤楼附近，明显是企望故人的灵魂能够在此跨鹤登仙。由此可见李白对黄鹤楼是何等崇敬和热爱，对友情是何等诚挚。

李白"一生好入名山游"，生平中经历了两次时间跨度较大的漫游，尤其是第一次以安陆为中心（在安陆，他娶了已故相国许圉师的孙女为妻）的漫游时期（726～742年）历时16年。他四处寻仙访道，将生命的抒情与生命摹写结合为一体，形成了具有特定文化底蕴和独到意象的山水诗。他多次登临黄鹤楼，"一忝青云客，三登黄鹤楼。""三"是虚指，意为多。他吟咏的黄鹤楼诗竟多达十五首：《黄鹤楼送孟浩然之广陵》、《江夏送友人》、《送储邕之武昌》、《望黄鹤山》、《江夏赠韦南陵冰》、《醉后答丁十八以诗讥予捶碎黄鹤楼》、《与史郎中钦听黄鹤楼上吹笛》、《峨眉山月歌送蜀僧晏入中京》、《江上吟》、《江夏送林公上人游衡岳序》、《赠汉阳辅录事》、《江夏寄汉阳辅录事》、《庐山谣寄卢侍御虚舟》、《经离乱后，天恩流夜郎，忆旧游书怀赠江夏韦太守宰》、《赠王判官，时余归隐居庐山屏风叠》等。在他留下的近百首山水名胜诗中，黄鹤楼诗所占比超过十分之一。

　　送别诗之祖——《黄鹤楼送孟浩然之广陵》

　　我国古代有送别的文化传统。它的源头叫"祖饯"。一个人离家远去，家人和朋友便要在他漫长征途的起点祭祀路神。其方法是在城门外或庙门外堆起一个土台，像山的形状，再把牲犬放在上边，或是放一些植物；然后由驾车人供奉酒和肉脯，以表敬意。接着车骑从台上碾过，象征与神结成了契约关系，此后便会道路平坦。送别的人以歌乐舞、酒肉，或以"镇物"，或以诗相赠。此类诗歌题目中常有"赠别"、"送别"之类的词语；若是出行者赠给送行者，题目中往往出现"留别"一词。黄鹤楼地处蛇山之巅，形势高峻，加上它临江靠近舟楫，自然是人们表达别意和祈求之意的最佳之处。在中国近体诗中，最有名的送别诗就是李白的这首《黄鹤楼送孟浩然之广陵》。

　　故人西辞黄鹤楼，烟花三月下扬州。

　　孤帆远影碧空尽，唯见长江天际流。

　　孟浩然长李白 12 岁，一生渴望入仕，却又怀才不遇，只好隐居、写诗度日，成为唐代山水田园诗的重要代表人物。李白与他相交甚笃，情深

谊厚。《北梦琐言》记载: 唐玄宗招李白入翰林, 孟浩然以故人身份入京访之。一日, 玄宗招李白进宫, 谈话间说到了孟浩然, 李白奏曰"孟浩然是臣的故人, 现在臣的家中。"玄宗立即下令召孟浩然进宫, 让他口诵近日的佳句。孟浩然诵曰: "北阙休上书, 南山归敝庐。不才明主弃, 多病故人疏。"玄宗听了, 认为孟浩然是在指责自己, 甚为恼怒。所以孟浩然终身为布衣, 权贵很少理他, 只有李白等人与他情投意合。这首诗大约作于开元十六年 (728年) 后的一个春天。李白这时寓家安陆并来往其与江夏之间。孟浩然则在襄阳隐居了一年多, 他忽然想漫游吴越, 顺道去安陆探望李白。李白就此将孟浩然送到江夏。送君终有一别, 李白送孟浩然来到黄鹤楼前, 临江伫立, 目送孟浩然远去, 心中有说不尽的依依之情。帆影已经消逝了, 然而李白还在翘首凝望, 这才注意到一江春水, 在浩浩荡荡地流向远方的水天交接处。这首诗的首句用了驾鹤飞升的典故, 赞美孟浩然像仙人一样远去。次句暗用了"腰缠十万贯, 骑鹤上扬州"的典故, 含有以成仙和放荡称赞孟浩然的深意。唐代士人包括孟浩然在内多不慎细行, 孟浩然当时又对前途充满信心, 因此他与李白在黄鹤楼的相见和分别, 是一次欢会和壮别。李白在诗中以飞升成仙、富贵风流称赞孟浩然, 情感的基调突破了传统的"悲怨"情调, 拓展了别情诗的思想内涵和情感力度, 形成了一种新的表达方式, 具有独特的思想意义和审美价值, 尤其是"孤帆远影碧空尽, 唯见长江天际流"一句, 抓住孤舟远影没入水天之际的动人景色, 造就出一种高远无穷的意象, 将浓丽的春意和两人的心情传达无遗, 感情十分真挚。而这首诗感情的基调是清真。李白把对自然、"清真"的追求作为一种人生和艺术的最高理想。"清真"之美, 首先美在感情的真率、心地的真诚。所以清人孙洙将此誉为"千古丽句",更有人将此诗推为中国"送别诗之祖"。

一首《与史中郎钦听黄鹤楼上吹笛》,从此使武昌、武汉有了美丽的代称——"江城"

黄鹤楼传说中有几个版本讲仙人在黄鹤楼上吹笛,黄鹤闻笛后,或从云间、或从墙上下来,然后仙人跨鹤飞天。故事成为诗人经久不衰的题材。李白的这首《与史中郎钦听黄鹤楼上吹笛》是:

一为迁客去长沙,西望长安不见家。

黄鹤楼中吹玉笛,江城五月落梅花。

此诗是乾元二年(759年)正月作者被流放夜郎遇赦后回到江夏时所作。前两句以汉代贾谊的遭遇比拟自己的处境和对朝廷的怀念。贾谊是洛阳才子,年少即通诸子百家,汉文帝召为博士,迁太中大夫。他因指责朝政受谗毁,被贬为长沙王太傅,后拜梁怀王太傅。梁怀王从马上掉下来摔死了,贾谊也自伤而死,时年33岁,一生可谓悲惨。李白家不在长安,诗中的"家"隐喻朝廷。后二句描写因笛声引起的凄凉寂寞的心情。五月正当初夏,不是梅花开落的季节,诗人以梅花开落非时来隐喻自己怀才不遇和身世飘零之感。"落梅花"即汉代笛曲《梅花落》,后人仿作很多,内容大多是写身世飘零和去国怀乡的感情。这首诗里用了倒词手法以押韵,同时也用落梅花兼写笛声引起的凄凉冷落,表达诗人的感受。全诗语近情遥,含而不露,是历来传诵的名篇。李白万料不到,他吟出的"江城"二字也由此成为武昌、武汉的代称。

语言晓畅、清新自然、炼俗为雅的典范——《峨眉山月歌送蜀僧晏入中京》

李白诗歌的语言，常常是极度夸张而又自然率真、明朗精炼、明白如话。

> 我在巴东三峡时，西看明月忆峨眉。
>
> 月出峨眉照沧海，与人万里长相随。
>
> 黄鹤楼前月华白，此中忽见峨眉客。
>
> 峨眉山月还送君，风吹西到长安陌。
>
> 长安大道横九天，峨眉山月照秦川。
>
> 黄金狮子乘高座，白玉麈尾谈重玄。
>
> 我似浮云滞吴越，君逢圣主游丹阙。
>
> 一振高名满帝都，归时还弄峨眉月。

这首诗写于作者流放夜郎被赦后路过今武昌的时候。峨眉山在唐代是佛教和道教的圣地。作者拈用平易通俗、普通寻常的字眼回忆皎洁如水的峨眉明月，由故乡月到黄鹤月，在黄鹤楼遇蜀僧晏。送别时奉上良好的祝愿，同时也表达了自己政治上不得志的无奈，流露出一种内心的孤独。全诗清新流畅，平淡爽直。

形象雄伟、气势不凡、色泽瑰丽、最具游仙风格的《望黄鹤山》

游仙诗从内容上说，是歌咏仙人的诗，是以世外仙境、仙人或人仙同游为写作内容的诗歌作品。其主要特点就是咏仙和咏怀。

李白素有"谪仙人"之誉，求仙访道几乎贯穿了他的一生，他的诗歌中有大量的游仙之作，是其人格魅力的反映，同时也是他对仙界（实际上是对人类社会）的清醒认识和批判精神的反映。黄鹤楼诗词中，有他著名的《望黄鹤山》一首：

> 东望黄鹤山，雄雄半空出。

四面生白云，中峰倚红日。

岩峦行穹跨，峰嶂亦冥密。

颇闻列仙人，于此学飞术。

一朝向蓬海，千载空石室。

金灶生烟埃，玉潭秘清谧。

地古遗草木，庭寒老芝术。

蹇余羡攀跻，因欲保闲逸。

观奇遍诸岳，兹岭不可匹。

结心寄青松，永悟客情毕。

　　此诗是李白从长安放还后，于天宝后期、安史之乱前、自长江上游东下江夏时所作。这个时期政治形势每况愈下，李白对国事的倾危深感忧虑和不安。伴随着政治上的不得志，又由于先后与元丹丘、孔巢父、吴筠等隐士、道士相交，李白的思想在道家思想的轨道上愈行愈远。这首《望黄鹤山》首先写江上东望，只见黄鹤山山势雄壮，似从半空而出。白云红日，峰峦叠翠，幽暗隐蔽，真是求仙炼丹的好处所。接着写黄鹤山中的仙人学习飞腾升天之术，一朝功成，飞遍天下。但这都是代远年湮的往事。诗最后说天下的名山奇景，他差不多都游遍，而黄鹤山是有其独特品格的山，因此不辞劳苦地来这里攀登，并且向一片青松林许下心愿：要从此结束他的作客生涯，积思专注地去求仙学道。这首诗缘于感发，将山水和游仙两股溪流交汇在一起，把玄虚飘渺的神仙遐思与个人实践活动结合起来，使仙山合一，仙俗相参，色彩缤纷，奇幻无比。诗中所凸现出来的诗人自我形象具有一个震撼人心的魅力，同时也给人带来多方面的审美愉悦。

李白的个性和成就，奠定了他在中国诗坛和文学史上的重要地位。他的黄鹤楼诗歌作品，同他的其他作品一样，盛传不衰，具有了永久的艺术生命，流风余韵，绵延千载，影响和沾溉着历代无数的作家、读者、游人。李白和他的黄鹤楼诗，永远是黄鹤楼的骄傲、江城武汉的骄傲、我们民族的骄傲。

最生动的黄鹤楼诗

唐代中期诗人刘禹锡19岁左右游学长安，22岁中进士。他一直不甘心只当一个文士，而是希望在政治上有所作为。他曾因参加王叔文等人的政治改革，失败后遭贬朗州（今湖南常德），一生中几次被贬谪的时间加起来多达20多年，但这20多年给了他接近人民的机会。他对藩镇的骄横、宦官的专权、朝政的腐败、人民的困苦都有所了

刘禹锡

解。刘禹锡十分注重诗歌艺术的创新，他的诗既不像友人韩愈那样奇崛怪癖，又不像白居易那样浅俗直露，而是取境优美，精炼含蓄，流畅自然，手法上善用比兴寄托政治内容。他写的《武昌老人说笛歌》写一武昌老人酷爱吹笛的故事：

武昌老人七十余，手把庚令相问书。

自言少小学吹笛，早事曹王曾赏激。

往年镇戍到蕲州，楚山萧萧笛竹秋。

当时买材冗搜索，典却身上乌貂裘。

古苔苍苍封老节，石上孤生饱风雪。

商声五音随指发，水中龙应行云绝。

曾将黄鹤楼上吹，一声占尽秋江月。

如今老去语尤迟，音韵高低耳不知。

气力已微心尚在，时时一曲梦中吹。

　　这首诗写于唐穆宗长庆四年（824 年）夏从夔州（今四川奉节）调任和州（今安徽和县）途中。由于作者遭贬长期在巴山楚水间接触下层民众，十分熟悉他们的生活及习性，所以能绘声绘色地记叙了一个武昌老人爱笛、学笛、买笛、吹笛、梦笛的过程，塑造了一个酷爱音乐、热爱生活、不断追求美好事物和理想的感人形象。诗中的"买笛"情节，尤为令人动容：一个别无所有的戍卒，为了寻觅制作笛子的上等竹子，尽了全部的心力，他甚至把用来裹身的唯一值钱的紫貂裘去典当抵押。所以他在黄鹤楼上吹奏时，美妙的笛声遏止行云，水中的鱼龙应节起舞。诗的结尾以老人心衰力竭，梦中犹时时吹笛作结，意味十分深长。

苏轼

　　北宋著名文学家、书画家苏轼（1037

~ 1101 年），因与王安石政见不合，被贬湖北黄州。他有一个朋友李常，字公择，也是与王安石政见不合，后来到鄂州（武昌）任知州。当朝状元冯京，给苏轼讲了一个故事：黄鹤楼下巨石后有一洞，世传为仙人洞。时有守城老兵，对洞早晚叩拜，求仙人显灵。一夜，石门忽自开，见有三个道士从洞中出来，吟哦谈笑，守城的老兵尾随其后，乞求富贵。道士指着一块石头让他捡回去，说完洞门复合，道士杳然。老兵抱回石头，忽然满屋生辉，次日查看，已成黄金。他不时凿取一块变卖，顿时富起来。后来官府察知，怀疑他是偷来的，将他捉到衙门，他据实以告。官府不信，取来石头检验，原来是一种似石非石、似铅非铅的东西。苏轼根据这个故事写成了《李公择求黄鹤楼诗，固记旧所闻于冯当世者》赠送给李公择：

> 黄鹤楼前月满川，抱关老卒饥无眠。
>
> 夜闻三人笑语言，羽衣著屐响空山。
>
> 非鬼非人意其仙，石扉三扣声清圆。
>
> 洞中铿铉落门关，缥缈入室如飞烟。
>
> 鸡鸣月落风驭还，迎拜稽首愿执鞭。
>
> 汝非其人骨腥膻，黄金乞得重莫肩。
>
> 持归包裹敝席毡，夜穿茅屋光射天。
>
> 里闾来观已变迁，似石非石铅非铅。
>
> 或取而有众愤喧，讼归有司今几年？
>
> 无功暴得喜欲颠，神人戏汝真可怜。
>
> 愿君为考然不然？此语可信冯公传。

这首叙事诗颇具特色：一是掺入仙话，使故事呈现出跨时空性和浓郁的道教文化意蕴；二是故事首尾完整，有声有色，把一个守城老兵穷困潦倒、巧遇仙人、抱石变富、被抓入狱的经过写得完整细密；三是人物刻画精准，如仙人的超凡脱俗，穷困老卒的致富心切，邻里的妒嫉狭隘，官员的不分青红皂白，都栩栩如生地跃然于纸上；四是描写、叙述、议论结合，使作品少贪寡欲的劝诫意义表现得非常充分。

最慷慨悲壮、回肠荡气的黄鹤楼词

黄鹤楼诗词中表达羁旅、怀乡、怀旧、怀古、惜别、伤逝等个人及朋友间私情的作品比比皆是，但更有洋溢着家国情、民族情的黄钟大吕之作。宋南渡之后，一批抗战派词人，如岳飞、陆游、范成大、张孝祥、辛弃疾、刘过、戴复古、文天祥等，都曾先后登临黄鹤楼（或故址）。这些词人，大多是娴于军政要务、政声显著而又精通词律的人。他们具有强烈的历史责任感和社会责任心。因此，他们的黄鹤楼词作，鉴古通今，视野开阔，气魄宏大，非常具有感染力，是黄鹤楼诗词作品中最令人荡气回肠的精品之作。

据《宋史·岳飞传》，宋高宗绍兴三年（1133年）秋，伪齐刘豫政权在金统治集团指使和支持下，派叛将李成进犯襄阳、唐、邓、随、郢诸州。岳飞向南宋朝廷提出北伐计划，他认为："襄汉六郡，地为险要，恢复中原，此为基本。"绍兴四年（1134年）春，高宗有条件地同意岳飞出击伪齐，收复襄阳府、郢州、随州、唐州、邓州、信阳六郡的计划。五月，岳飞率领大军从江州到鄂州，渡长江，首次向北发起进攻，收复了襄阳等六郡，朝廷授他清远军节度使、湖北路、荆、襄、潭州制置使，屯兵鄂州（今武昌）。

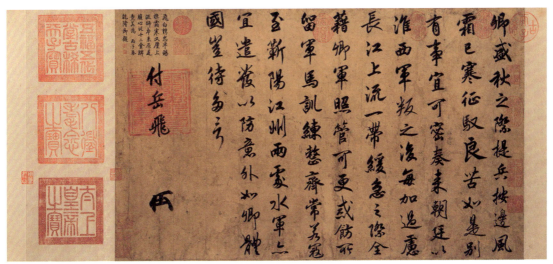

高宗赐岳飞批札

岳飞认为北伐时机已到，于是上书朝廷，奏请"以精兵而十万，直捣中原，收复故疆"。岳飞抽暇登临了黄鹤楼，写下了《满江红·登黄鹤楼有感》：

　　遥望中原，荒烟外、许多城郭。想当年、花遮柳护，凤楼龙阁。万岁山前珠翠绕，蓬壶殿里笙歌作。到而今、铁骑满郊畿，风尘恶。　　兵安在？膏锋锷。民安在？填沟壑。叹江山如故，千村寥落。何日请缨提锐旅，一鞭直渡清河洛。却归来、再续汉阳游，骑黄鹤。

　　词的上片将失陷前后的汴京作了鲜明对比。词人纵目北望，只见一片荒草寒烟，远处隐隐约约呈现故国的山川城郭。前两句表达了作者念念不忘中原的深情。片末一个"恶"字表达了岳飞的强烈憎恨。下片开头，四个短句，一问一答，一字一泪。接着有"何日请缨"的哀叹。更让作者可悲的是，一提到"请缨"、"清河洛"，又怕遭到朝廷疑忌，不得不在歇拍处表白自己将功成身退。全词深切地反映了岳飞满腔热血而壮志难酬的沉痛心情。"何日请缨提锐旅"一句，成为千古以来壮士请战献身沙场的名句。

中兴诸将，谁是万人英？身草莽，人虽死，气填膺，尚如生。少年起河朔，弓两石，剑三尺，定襄汉，开虢洛，洗洞庭。北望帝京，狡兔依然在，良犬先烹。过旧时营垒，荆鄂有遗民。忆故将军，泪如倾。 说当年事，知苦恨，不奉诏，伪耶真？臣有罪，陛下圣，可鉴临，一片心。万古分茅土，终不到，旧奸臣。人世夜，白日照，忽开明。衮佩冕圭百拜，九泉下，荣感君恩。看年年三月，满地野花春，卤簿迎神。

这首《六洲歌头·题岳鄂王庙》是南宋词人刘过的作品。刘过是位志在报国的志士。他曾经从金陵溯江西上，经采石、九江、武昌，直至西北重镇襄阳，劝说诸路帅臣，致力于收复中原，但均未奏效。这首词约是开禧北伐前游黄鹤楼故址写的，它热情赞扬了岳飞的英雄业绩，揭露了秦桧陷害岳飞的罪行，反映了广大人民群众和爱国志士对岳飞的无限爱戴与景仰的思想感情。上片简炼地概括了岳飞抗金的业绩，气势豪放。接着出现跌宕：岳飞蒙冤被害，功败垂成，遗恨千古。下阕追溯这一千古奇冤，愤怒地鞭挞了秦桧之流，甚至辛辣地讥讽了最高统治者宋高宗。最后明快而欣喜地抒发了岳飞昭雪的激情。全词爱憎分明，于沉郁中见亢奋。

南宋另一著名爱国主义词人辛弃疾，20多岁就组织一支两千人的队伍，积极抗金。他曾多次上书朝廷，主张收复中原，统一国土，不但未能采纳，反而遭到排斥打击，后忧愤成疾而死。他曾在黄鹤楼边的一个小亭，写下一首《摸鱼儿·暮春》：

更能消几番风雨，匆匆春又归去。惜春常怕花开早，何况落红无数。

春且住，见说道，天涯芳草无归路。怨春不语。算只有，殷勤画檐蛛网，尽日惹飞絮。　　　长门事，准拟佳期又误，蛾眉曾有人妒。千金纵买相如赋，脉脉此情谁诉？君莫舞，君不见，玉环飞燕皆尘土。闲愁最苦。休去倚危栏，斜阳正在，烟柳断肠处。

与上首刘过词直抒胸臆不同，此词采用比兴手法，塑造了一个屡遭打击迫害的宫女形象，借以表达自己苦闷、悲情难诉的情感。这个形象其实是作者坚持理想而又孤立无援的化身。词的下片又以杨玉环、赵飞燕喻当权得势误国的小人，警告他们，不要得意忘形，以免落得身败名裂的下场。全词虽然委婉凄恻，而感情却是愤慨激烈的。所以梁启超盛赞此词"回肠荡气，至于此极；前无古人，后无来者。"此词也被称为辛词中"情致缠绵"，而又"词意激切"的代表作。词中妙语迭出，脍炙人口，千秋流传。

最牛气的黄鹤楼诗

最牛气的黄鹤楼诗出自明末农民起义军领袖张献忠口中。

张献忠，陕西延安府人，万历三十四年生，与闯王李自成同岁。少年时，曾随父亲贩枣到四川。他们把驮枣的驴系在一户乡绅家的牌坊上，一不留神驴将屎尿弄污了。乡绅的仆人用鞭子抽打张献忠的父亲，并且逼迫他用手将驴粪捧走。张献忠在旁，"怒目不敢争"，临走时，发誓说："下次再来，我一定要把你们这般狗贼斩光杀尽，解我心头之恨。"年长在"米脂十八寨"参加农民起义军，自称"八大王"。明崇祯十五年，李自成、张献忠两支义军分战南北，李自成先攻下襄阳，改其名称为襄京。第二年的五月五日，张献忠的部队渡江攻破武昌县。湖广省城武昌城内明朝的文官武将一片混乱。封在此地的楚王朱华奎"积金数百万"，守城的将领跪在地上向他借钱发军饷，楚王非常吝啬，拿出一把皇上赐的金裹交椅，叫乞求者拿去卖了作军饷。五月三十日，张献忠攻下武昌城，进入黄鹤楼旁边的楚王宫中，看见仓库里堆着数百万金，感慨地说："有这么多钱，发不出军饷，朱胡子真是个蠢猪。"接着就把楚王沉入江中淹死。六月，张献忠在武昌正式建立农民政权，称武昌为京城，将楚王府作为王宫，铸了"西王"的宝玺。他仿照明朝的模式，设"六部五府"；还在宫门外竖了两杆大旗，分书"天与人归"、"招贤纳士"，在武昌九座城门，也都竖起两杆的旗，分别写上"天下安静"、"威镇八方"。

就在志得意满、无限风光的时刻，张献忠出楚王府，信步登上黄鹤楼，吟出了黄鹤楼诗词中最"牛"的一首：

滚滚江流去不还，隔断龟蛇不相攀。

龟山就譬比李闯，咱老子站在蛇山。

这首诗明白如话，但它充满豪情，恰如其分地表达了一代枭雄的心境。张献忠还下令部下和作。殊不知，张献忠最忧的劲敌左良玉部正向武昌扑来，而李自成也决不容许他在卧榻旁称王称霸。仅仅在武昌待了两个月，八月十七日，张献忠在金口架浮桥率部西渡，武昌在八月七日被明军攻下。张献忠的这首诗，成了黄鹤楼诗词中一道别样的风景。

最警世的、洋溢着爱国主义精神的黄鹤楼诗

黄遵宪（1848～1905年），字公度，别号东海公等，广东梅州人。清

光绪三年（1877年）起任驻日使馆参赞官、驻美国旧金山总领事、驻英国使馆参赞、新加坡总领事，奉命办结江南五省教案，与梁启超、汪康年等办《时务报》，并力推湖南维新改革运动，是清末杰出的外交家、政治家、诗人。

黄遵宪坚决维护国家主权。他最早反对日本吞并琉球的图谋，但由于清政府的软弱退让，光绪五年（1879年）琉球终于被日本吞并并改为冲绳县。他曾作《朝鲜策略》，揭露沙俄内侵的本质并提出应对策

黄遵宪

略。他驳斥日方欲把苏州作为租界的要求，草拟了开辟苏州通商口岸的六条议案。他为实践"伸自主之权，保公众之益"的外交思想而作了不懈的努力。

黄遵宪十五六岁"即学为诗"，生平诗词作品达千余首。黄诗题材广泛，其中有多首反映琉球事件、中法战争、甲午中日战争、八国联军侵华等历史事件的诗篇。在诗歌理论上，他高举"诗界维新"的旗帜，倡导"我手写我口"，反对盲目尊古和模仿。梁启超曾这样评价："近世诗人，能熔新思想入旧风格者，当推黄公度。"胡适说："黄遵宪是有意作新诗的。"

他的这首《上黄鹤楼》，就是"诗界革命"的代表作：

矶头黄鹄日东流，又此阑干又此秋。

鼾睡他人同卧榻，婆娑老子自登楼。

能言鹦鹉悲名士，折翼天鹏概督州。

洒尽新亭楚囚泪，烟波风景总生愁。

这首诗作于 1897 年作者到湖南赴任路过武昌之时。两年以前，作者正与友人登临黄鹤楼，突然传来日本强迫清政府签订了丧权辱国的《马关新约》，割让台湾、澎湖列岛和辽东半岛。作者立刻罢游。此诗是重游之作，变法已近尾声。第二年即 1898 年 9 月 21 日，慈禧太后就发动了"戊戌政变"，作者为之担心的维新变法果然失败。此诗流露了作者的预感和隐忧，表达了对帝国主义列强深入我国腹地为所欲为的强烈愤慨，以及自己不屈不挠地坚持维新变法的决心。"鼾睡"语出宋太祖赵匡胤所说的"卧榻之侧，岂容他人鼾睡耶？"以"同"字取代"岂容"二字，是因为当时帝国主义列强已经登堂入室，深入我国腹地为所欲为，汉口已辟有英、德、法、日、俄五国租界，俨然是"国中之国"。"悲名士"指汉末名士祢衡虽然能写《鹦鹉赋》这样的名作，但还是不见容于世而被杀。"督州"指刺史陶侃，他做梦自己长了八翅，向九重天门冲去，已经过了八重门，到第九门时进不去了，最后左翼折断坠地。此句暗示变法可能失败。"新亭"是三国时建业（今南京）的一个亭子，东晋时，北方为少数民族所占，南逃的人在亭中像楚囚一样流泪。但有一个王丞相慷慨地警示大家要同心协力，收复失地。结句借崔颢"烟波江上使人愁"的诗句，以抒发家国之忧。全诗沉郁顿挫，风格豪放，用典贴切，一反古人狭窄的秋愁，而将个人感情升华到

忧国忧民的爱国主义高度。

最质朴的黄鹤楼诗——黄鹤楼竹枝词

竹枝词原来是古代川东鄂西一带流行的与音乐舞蹈相结合的民歌，有独唱、对唱、接唱、齐唱等形式，演唱时手执竹枝或花枝，或在歌词中插入"竹枝"、"女儿"等衬字。由于它植根民间，源于生活，因此很受群众欢迎。唐至德进士顾况（约725～814年）就有"竹枝词"之说，可见这种民间文艺形式已经被文人所运用。唐贞元进士、唐中期著名诗人刘禹锡作《竹枝词》十一首以后，始形成风气，历代作者，均有继作。作品以描写人情风土为主要内容，其价值主要是保存社会史料。今人徐明庭先生是武汉地区著名的民俗学、文化史料学家，他穷数十年之功，辑成《武汉竹枝词》一书。书中辑有从清康熙到宣统年间的黄鹤楼竹枝词数十首。这些竹枝词，语言平易生动，忠实地记录了清代黄鹤楼及周边地区的风土人情。

黄鹤古楼木制成，重重叠叠宛如生。

西人纵有新思想，那及斯人制作精。

清光绪十年（1884年）古黄鹤楼毁于大火。当大火熊熊燃烧时，有一位姜姓老人从黄鹤楼跳下并幸免于难。因为他在黄鹤楼负责烧茶水二十余载，故对整座楼的造型及楼内陈设等，早已了如指掌，记得一清二楚。在黄鹤楼被焚不久，有一位能工巧匠名叫万发祥，他为了不使黄鹤楼从人们心里消失，在姜老汉的热心指导下，精雕细刻，足足花了4个月的时间制成了一座重檐翘角、布局严谨的黄鹤楼木制模型。木质结构共三层：第一、二层是四面八方十二角形，第三层在十二角外还加上骑楼的十六角。从上到下，层层递进，然后收为攒顶。全楼有梁柱 48 根、花脊 72 条、斗栱 360 架。

第三层四个正面飞檐下，分别悬有"黄鹤楼"、"远举云中"、"南维高拱"、"北斗平临"的匾额。一楼正面对联是"对江楼阁参天立；全楚山河缩地来"。四周雕栏围绕，并有开关自如的隔扇。这木制模型几乎与被大

鹤楼夜色

火焚烧的同治黄鹤楼一模一样，只是体积缩小了许多而已。清宣统元年（1909 年），湖广总督陈夔龙为了促进工农业生产和商品流通，札饬湖北劝业场与湖北官钱局，在武昌平湖门外举办武汉劝业奖进会，展出上海、宁波、直隶、湖南、湖北的工农业产品、手工艺品与文教用品等，展期从九月十五日至十月三十日。这是中国近代史上最早的一次大型展览会。黄鹤楼木制模型在会展展出，时人誉为"出神入化，巧夺天工"，最终夺奖。这首竹枝词尽情地表达了对这件展品的喜爱和对工匠水平的赞美，流露出强烈的民族自豪感。

> 三楚频年百战余，遗祠犹复见官胡。
>
> 儿时忆得楹联好，尽数抄来当诵书。

这首竹枝词选自汪逸的《孟唐集》。三楚大地历来是兵家必争之地，战事连连。世事沧桑，像官文、胡林翼这样一代又一代的主政者去世后只留下他们的遗祠。作品表达了人去楼空、物是人非的感叹，以及对童年有趣生活的向往；同时也真实记录了当年黄鹤楼及附属景点楹联满目的情景。

三、日本词人创作的黄鹤楼词

日本明治时期（1868～1912 年），黄鹤楼诗词的创作达到高峰。驰骋日本词坛的两位代表性人物森槐南和高野竹隐带头唱和。森槐南（1863～1911 年），字公泰，号槐南小史，是日本著名诗人森春涛之子。他 16 岁即以《南乡子·春夕》词为人所称道。词风接近苏东坡和辛弃疾，而其秾丽绵密之作酷似晏几道和秦观，清代末诗人黄遵宪称他为"东京才子"，并为其《补天石》传奇题词。其诗作有《槐南集》、《词曲概论》等。他填有《百字令·简坂口五峰、高野竹隐索和》：

故人何在？莽山河北越，是英雄国。闻说杉公城上月，照见霜台雄戟。泯泯江流，茫茫沙碛，成败何须惜。三更过雁，一天星动寒色。　　那更新潟繁华，海腾歌吹，是补风云寂。越女如花栽白纻，春浣鸥波香极。巷赛乌衣，楼疑黄鹤，梅落江城笛。知君豪宕，兴来牙节闲击。

此词的上片写怀念友人的深情并兼有吊古之意。山河苍茫，南北悬隔。杉公（指日本战国时期武将上杉谦信）城上的明月，照亮英雄用过的剑戟。两位友人就居住在那里。古人的成败得失，早已随滔滔江流远去，只有天上闪烁的繁星，依旧辉耀着寒冷的大地。下片悬想友人的生活。新潟如中国金陵乌衣巷一带，极尽繁华欢腾的歌舞声，如鲍照《芜城赋》中的描写"歌吹沸天"，穿着白色夏布的美女，像是李白《西施》中的浣纱女；高耸入云的楼阁，跟江夏黄鹤楼毫无二致，楼上传来优美的笛声，吹落满城的梅花。想必二位仁兄，此时应是诗兴豪迈，正在敲击着牙板，吟诵着新作吧。此词表达了对友人的怀念，以及对其豪情逸致的艳羡。词中，引事用韵极娴熟，显示了作者词学功力的深厚，对中国传统文化的理解，对黄鹤楼及其诗词的倾慕。

高野竹隐（1862～1923年）即高野清雄，竹隐是他的别号。他是名古屋人，学清初诗人厉鹗作诗。明治十六年（1883年）与森槐南订交，开始填词。他作有《水调歌头·天风吹散发》：

天风吹散发，倚剑啸清秋。功名一念销尽，况又古今愁。漫学宋悲潘恨，休效郊寒岛瘦，恐白少年头。我欲乘槎去，招手海边鸥。　　吹铁笛，龙起舞，笑相酬。大呼李白何处，天姥梦游不？杯浸琉璃千顷，月照山河

一片，万古此沧州。何似控黄鹤，飞过汉阳楼。

　　词的大意是：天飞吹乱了我的一头散发，在清秋的日子里我仗剑长啸。功名早已抛弃，不想学孟郊贾岛那样苦吟。我希望能像李商隐诗中的海客，悠闲自在，飘飘欲仙。美妙的笛声如刘禹锡那首《武昌老人说笛歌》中的龙吟一般。云游天下，开怀痛饮，隐士生活比起驾鹤在黄鹤楼上空环飞怎么样？（意思是：差不远了）此词的主旨是抒发摒弃功名观念、排除古今愁恨的豪放旷达的情怀。词风一反作者的清丽俊逸，所以已故词学大师夏承焘先生评价说，此词"奔放激烈，实非本色"。读者从词中，能深切地感悟到日本诗人词客对黄鹤楼的钟爱之情，以及深厚的文化功底。

第四篇 引领风骚的黄鹤楼

　　黄鹤楼是天人合一的生态与人文结合的典范。经过多年的精心构筑和营建，黄鹤楼现有景区已形成以鹤楼为中心的、拥有四大功能景区和一个延伸区的综合性园林。西区是公园的中心区域，包括黄鹤楼、胜像宝塔、牌坊、凝翠轩、云衢轩、揽虹亭、瞰川亭等，这一景区主要是纪念性的建筑群体，其入口西大门与万里长江第一桥——武汉长江大桥引桥对接。黄鹤楼之南即为南区，这里曾是楚王宫的遗址，占地8000平方米。南区以展示文化景观为主要内容，由楼、阁、轩、池、碑、廊、苑、浮雕等组成，包括紫竹苑、《崔颢题诗图》浮雕、南楼、鹅池、落梅轩、诗碑廊、古碑廊、毛泽东词亭、白云阁等，这一组建筑群，古朴幽雅，具有江南园林建筑风格。南区入口南大门与辛亥革命纪念馆相邻，门口处有宋代著名书画家米芾"天下江山第一楼"的题字。黄鹤楼以北，沿山脊背后过白云阁，是以自然景观为主的北区。区内山石嶙峋，群鸟啁啾，秀林成木，青松如盖，山间小径曲折盘回，道旁翠竹繁茂丛生。松园、梅园、杜鹃园已成相当规模，假山、

石桌凳、石拱桥、喷泉、石坊等园林小品散见于区内，与其配套的反映神仙传说的仙枣亭、费祎亭、石照亭、吕仙洞等隐入其间；而以纪念人物为主题命名的奇章亭、乖崖亭、抱膝亭，以及以浏览为主题命名的一览亭、留云亭等，均各有情趣。伟大祖国的南北交通大动脉京广铁路就匍匐从北区脚下穿过。白云阁以东是为东区，这里是以岳飞为主题的人文景观区。区内有"精忠报国"白色大理石坊。景区最著名的是岳武穆遗像亭，亭东为一组纪念性铜雕：岳飞挟鞍勒马铜雕、岳家军抗击金兵青石浮雕、"还我河山"石刻等。东大门建筑宏伟，楹柱上有张之洞的名联"昔贤整顿乾坤，缔造多从江汉起；今日交通文轨，登临不觉亚欧遥。"瞬间就将游人的思绪引向历史的纵深处。延伸区以山野休闲和图书馆文化、辛亥文化、武汉抗战文化体验为主，给人以高雅、轻松的感受。

移步园中，处处皆景，楼阁亭台、塔坊廊轩、苑馆池洞、雕塑石刻等错落有致地分布在山石花木之间。它那流动灵活、自由多变的风

天下江山第一楼——黄鹤楼

景空间，既恢宏大气，又含蓄曲折。整个园区，布局大小协调，虚实相济，藏露互补，深浅均衡，生态与文化相结合，传统与现代相结合，动态与静态相结合，是中国园林的典范之作。

黄鹤楼景区的绿化配置手法遵循了生态学和生态经济学原理，以日本晚樱、垂丝海棠、红叶李、红枫、紫玉兰、桂花、石楠、紫薇等块状混交为前景，以苦楮、朴树、雪松、栾树、合欢、香樟等块状混交和常青的松树林为背景，前后形成了长达千余米的七彩林带，千姿百态，行云流水。金丝桃、南天竹、六月雪、红叶石楠、洒金桃叶珊瑚、熊掌木、红花酢酱草、鸢尾、萱草、金叶女贞、红继木、海桐、大滨菊、鼠尾草等奇花异草点缀其间，使景观内花开不断：春天杜鹃姹紫嫣红，夏天睡莲娇嫩欲滴，秋天金菊圆花高悬，冬天腊梅吐蕊绽放；其艳丽的色彩和丰满的群体形象给游人以终生难忘的印象。

黄鹤楼景区另一重要的景观特色是：楼阁并峙，突出地彰显了我国特有的楼阁文化。楼阁是我国古代建筑中最为雄伟的建筑类型，同时又是一种极有感染力的类型。楼是单层房屋的竖向叠加，最早诞生在春秋时期。早期的楼，多为军事与祭祀之用，到汉代进入士绅百姓家，当时的楼除了城楼、望楼、市楼外，已经大量应用于居住、仓储等方面。唐代楼成为人们登临抒怀的胜地，明清楼在技术和艺术上更加成熟，用途也更广泛，如茶楼、酒楼等。阁最初指那些底层架空、上部作为重要使用空间的建筑。楼阁开始出现时明显不同：楼可以是二层、三层，甚至是更高的层，其上下层都可以作使用空间；阁一般两层，只有上层才是使用空间；楼是屋上建屋，阁是在高架的木构架平台上建屋；楼的功能比较多，阁主要用于藏物，

黄鹤楼与白云阁

如藏书、藏经等。唐宋以后，楼阁趋向于融合，明清逐渐合一。黄鹤楼和白云阁是景区内最高大的建筑，理所当然的视觉中心。当其他建筑湮伏在一片绿阴中，唯有黄鹤楼和白云阁能从绿海中探出身来。黄鹤楼金碧辉煌，白云阁白墙黛瓦，两者造型、色彩各异，却又在蓝天、白云、绿树的大背景衬托下，和谐地统一起来，相互映衬，给人以震撼、绝美的感受。近年来，

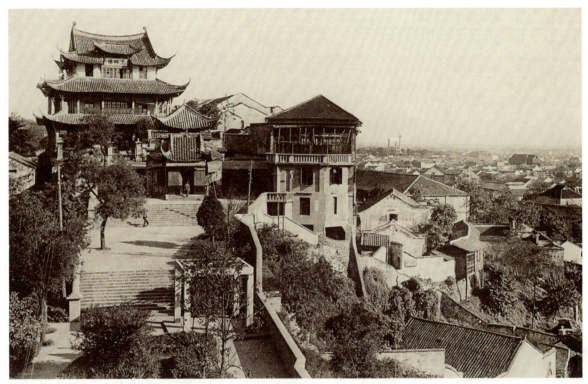

20世纪初外国人拍摄的蛇山风景

白云阁开始大规模收藏、展示书画，阁的原始功能得以恢复。

黄鹤楼景区不仅供人"身游"，更供人"心游"。

黄鹤楼所在的蛇山，是中国城市中罕见的文化山体，山上有历史文化遗存近百处，相关的非物质文化遗产项目近20项。黄鹤楼景区内有一条以蛇山山脊为中轴的旅游线路，沿线分布有近数十个景点积淀了丰富的文化内涵。这一条旅游线路被专家称为"黄鹤楼历史文化遗产小道"。这些根据文化遗存形成或兴建的景点，都是城市千年文脉的延续重生；每一处

景点，都有说不完的故事或脍炙人口的诗文，让人感受到无比丰富的人文韵致。徜徉道上，细细咀嚼玩味，犹如漫步于历史和文学艺术的长河中，得到无尽的回味和享受。

古鄂州城垣遗址

位于黄鹤楼以东 90 米，沿蛇山山脊往东延伸，长约 180 米。是武汉三镇现存最古老的城垣遗迹，1983 年被列为武汉市文物保护单位。

武昌蛇山，古称黄鹄山、江夏山。东汉末年，孙权在这里筑城，建起了用于军事的瞭望楼，即黄鹤楼的前身。这座以夏口为名的夏口城，是武昌最老的城垣，因其地势险要，遂成为东吴的军事重镇。刘宋取代东晋后，

古鄂州城垣遗址

夏口城更名为郢州城，城墙得以扩展。这一带屡为战场。梁武帝萧衍起兵围攻郢州达 200 余日，城中男女死者近八成，直到弹尽粮绝，守将程茂等才出城投降。可见当年城墙的坚固。梁武帝的异母弟安成康王萧秀任郢州刺史，他把战死者的骸骨收集起来，有几百副之多，"于黄鹤楼下祭而埋之"。"二十四史"中的《南史》、《梁书》都有这段历史的记载。萧秀做的这件善事，是深受其兄梁武帝的影响。梁武帝虔诚信奉佛教，曾三次舍身到同泰寺当和尚，但最终佛并没有保佑他。他被叛将侯景俘获并幽囚，活活饿死在宫殿里。

胜像宝塔老照片

胜像宝塔

位于黄鹤楼以西 160 米。

塔高 9.36 米，座宽 5.68 米，以石砌为主，内部塔室使用了少量的砖。塔体内收外展，遒健自然，整体造型由基座向上逐渐收缩，分作座、瓶、相轮、伞盖、宝顶 5 部分，其轮廓线条大体呈三角形，庄重持稳，具有浓厚的端庄美。

此塔远远看去像个葫芦，武汉民众都称之为"孔明灯"。

胜像宝塔

　　传说三国时期，曹操率 83 万人马直扑江南，欲将孙权、刘备一举荡平。孙刘联合抗曹，诸葛亮传令镇守樊城的关羽日夜兼程率水军赶赴赤壁。岂料关羽的水军赶到夏口，正是半夜三更，长江上白浪滔天，伸手不见五指，正当关羽愁苦时，对岸黄鹤楼下亮起一盏巨灯，引导关羽兵船从容而行。后人为了纪念孔明，便把石塔称作"孔明灯"，一直传到现在。

　　其实胜像宝塔是元代威顺王太子建来供奉舍利和安藏佛教法物的喇嘛塔，修建于元代至正三年（1343 年）。威顺王叫宽彻普化，受命镇守武昌。

黄鹤归来铜雕

《黄鹤归来》铜雕

位于黄鹤楼以西50米的正面台阶前。

相传古时大禹治水，感动玉帝，玉帝派龟、蛇二将协助。为镇江患，龟、蛇隔江对峙变为两座大山，形成"龟蛇锁大江之势"。从此水患平息，民安乐业。两只仙鹤俯瞰人间，非常感动，便脱胎下凡，以昭普天同庆。

龟、蛇、鹤是中国民俗中最吉祥、长寿的灵物。此铜雕融美丽的传说和美好的祝愿为一体，给游人无限遐想和祝福，因此该景点成为游人祈福之处。

铜雕高5.1米，重3.8吨，系纯黄铜铸成。其雕刻工艺极为精致，黄鹤、神龟、巨蛇既生动形象，又抽象写意。鹤的羽毛、脚爪的纹线，龟背的花纹和蛇斑清晰可辨。铜雕线条流畅，华丽高贵。该铜雕为湖北美术学院教授刘政德、李政文创作。1997年，该铜雕被制成模型，作为湖北省人民政府迎接香港回归时所赠礼品，现存于香港特区政府。

宝铜顶

位于黄鹤楼东 90 米。

清同治七年（1868 年）秋末，武昌府知府黄昌辅主持重修黄鹤楼时，为了和新楼相匹配，下令铸造楼顶。铸顶工程由武昌城最有名的"周天顺"家承造。周氏家族世代相传 200 多年都是吃铁货饭的。他们首先确定了铜合金的配料方案，接着采用黏性强的黄泥土，分别掺进稻草、焦炭末，然后做成内外模。由于铸件太大，需要铜水多，事先邀集了多家炉坊，准备了多盘炉子，组织了大批人力，同时开工。选定了良辰吉日后，陈设香案举行隆重的开工仪式：总管、掌作师父、炉前工一一斋戒沐浴；每炉投放一锭银元宝。终于大功告成。此楼顶用青铜铸成，中空，顶高 3.4 米，底径 1.8 米，壁厚 4 厘米，重约 2000 公斤。整个顶

宝铜顶

分三部分：上端为宝瓶攒尖顶，中部呈两个球体叠加形成的葫芦形，底部为莲花宝座形。

光绪十年（1884年），黄鹤楼遭火灾，仅剩此铜顶。以后铜顶遭过两次损毁，1984年被修复。

宝铜顶造型优美，线条流畅，其简明的纹饰清晰可见。叩其顶体，声如洪钟。

宝铜顶老照片

西爽亭

位于黄鹤楼东南 50 米处。

"西爽"二字，即"爽气西来"四字的缩写。指明朗开阔的自然景象。南朝宋刘义庆在《世说新语·简傲》篇中曾引用王子猷"西山朝来致有爽气"一语。唐代宝历年间（825～827年），黄鹤楼后的石壁上有"西爽"摩崖题字。宋代始建西爽亭，下临崖壁，南向涌月楼。清代诗人有《西爽亭》一诗，赞其石刻书法通古：

> 曾开岩畔有奇字，西爽勤石当空窅。
>
> 藓蚀虫斑字剥落，土花瘗影不可考。
>
> 两字峥嵘不盈尺，漏痕钗脚都完好。
>
> 不书人地不书年，一片精魂成绍缭。
>
> 信如此气坚不磨，入石千龄静相保。

清代江夏副贡陈本立曾在《黄鹤楼名胜记》中写到："白云楼左，长廊屈曲，'西爽'石刻在焉。"清嘉庆二十年（1815年），在修复涌月台时，将"西爽"石刻铲平，摹刻了黄清老的"涌月"二字于岩石上。清末民初西爽亭曾悬挂符秉忠所撰的楹联："爽气西来，云雾扫开天地撼；大江东去，波涛洗尽古今愁。"

此亭于1987年重建，坐南朝北，长、宽各4米，高6.75米，呈十字形，12柱，八角重檐攒尖顶，顶尖呈葫芦形，仿青砖地面。亭中立有武汉市人民政府记功碑，上刻捐修黄鹤楼的单位和捐款数目。亭名由时任武汉市人民政府常务副市长的王杰书写。

西爽亭

费祎亭

位于黄鹤楼东北约 70 米处。

费祎是三国时期江夏郡人，幼年时父母双亡，由族父伯仁抚养，后游学到益州（四川）。时值刘备平定益州，他归依刘备，为太子舍人。刘禅继位后，为诸葛亮所赏识，掌管蜀国的军政大权。由于他主张联吴抗曹，后被魏国的降人郭循刺死。家乡人们为了纪念他，传说他死后登仙，曾往驾黄鹤返憩于黄鹤楼。费祎登仙驾鹤的记载，最早见于唐代阎伯理所作的《黄鹤楼记》，从唐代开始，有人在黄鹤楼旁建有费祎洞、费公祠，称乃费祎升仙栖息之所。

现亭于 1993 年重建，坐北朝南。为三角形三柱亭，暗喻费祎是三国时蜀国杰出人才。亭为通体花岗岩石，高 5.1 米，歇山式顶，石葫芦顶尖。柱间距 2.6 米，亭名由书画家钱绍武书写。

吕仙洞

位于黄鹤楼东北脚下 70 米处。

传说吕洞宾原姓李，娶妻金氏，夫妻恩爱，生活美满。一日，有一老道预测他和妻子将遭横祸，不得善终。老道随即指点："如去黄鹄山黄鹤洞修道，或可幸免。"夫妻听罢，遂去蛇山，找到了这一天然石洞，见上题"黄鹤洞"，便栖身隐居其中，紧闭石门，潜心修炼。因洞中只有他们两口，便改姓为吕；又长年与山石为伴，便改名为岩；洞中自叹人生为过客，乃号洞宾；金氏死后，只吕岩一人，便号"纯阳子"。而据有关记载：吕岩，

吕仙洞

字洞宾，号纯阳子，唐代关右人，会昌（841～846年）举进士不第，浪迹江湖，44岁时遇钟离权，授以丹诀。传说他曾隐居终南山修道，在岳州弄鹤，在江淮斩蛟，在客店醉酒，在黄鹤楼飞升。

此洞早已有之，宋代著名诗人陆游在《入蜀记》中提及"结庐洞侧，设吕公像其中"。明人杨基于洪武四年（1371年）在《黄鹤楼看雪》诗中写下"卧听吕岩吹铁笛"。明人沈钟《复修黄鹤楼记》中说：吕洞宾多次到黄鹤楼，在月夜里吹铁笛，笛声与天籁之音相交响，时人在楼旁建亭。经众多文人墨客的诗赋渲染，吕洞宾与黄鹤楼的传说更为风靡，黄鹤楼内开始供奉吕仙像，其像"角巾卉服、横笛，制甚古"。崇奉吕洞宾之风年甚一年，直至清代趋于最盛。

清华大学浦江清教授在《八仙考》中说：吕洞宾"他有度人之心，屡游人间而人不识。或做卖墨客索价甚昂，没有人理他；或做傲士，忽然而来又飘然而去。一定要等到他去后，人家方始知道是神仙，而懊恼之至。"

现洞在原洞址上稍加扩展重建。洞呈"U"形并贯通，内设有由一整块汉白玉精雕而成的吕洞宾平卧像以及香炉等，雕像长3.1米，高1.7米，重5吨，吕洞宾神态安详，栩栩如生。洞门为青石牌坊，"吕仙洞"三字为原中国作协书记处书记冯牧所题。

《崔颢题诗图》浮雕

位于黄鹤楼以东120米处，1990年建成。

崔颢是汴州（今河南开封）人，生活在唐代开元、天宝年间。《旧唐书》把他与王昌龄、高适和孟浩然相提并论，还有人将他与"诗中有画，画中

有诗"的王维并驾齐驱,可见他的诗名非同一般。尽管他在唐代诗坛上的名声很大,可是在政治上并没有显赫的地位。他在开元十年(722年)左右登进士第,以后在相州等地任职或当幕僚,最后任司勋员外郎,也就是管理文武官员资历档案之类的小官。天宝三年(744年)前,崔颢曾到长江中游一带漫游,写下了《黄鹤楼》这首览胜抒怀的名篇。此诗写了鹤去

《崔颢题诗图》浮雕

楼空的寂寞和淡淡的乡愁，但是歌咏了这座名楼的优美的神话传说，展示了登楼远眺所见的明朗壮阔的景色。全诗色彩鲜明，清新自然，凝练紧凑，一气呵成，有如行云流水，为千古所传诵。此诗与王勃的《秋日登洪府滕王阁饯别序》、范仲淹的《岳阳楼记》同为我国三大名楼的代表诗文。

　　题诗浮雕长 12 米、宽 8.2 米。图上雕绘着唐崔颢在云霞缭绕间，长袖飘逸、峨冠博带、潇洒挺拔、运笔赋诗的形象，图的中央雕刻着他的千古名诗《黄鹤楼》。浮雕画面由四川省雕塑艺术学院赵树同设计，画面中《黄鹤楼》全诗由原中国书协主席沈鹏书写。

搁笔亭

搁笔亭

位于黄鹤楼东 130 米处。

传说李白被人称作"诗仙"以后,十分自负,认为自己的诗天下无人比肩。有一天他来到了黄鹤楼,开怀畅饮,诗兴达到了十分。正待他饱蘸墨汁题诗之时,猛然发现粉墙上已有崔颢的《黄鹤楼》。起先他快速浏览,继而浅吟低诵,接着逐句推敲,最后暗暗叫绝。他觉得崔颢的诗写出了他自己无法表达的感情,实在是比自己高明。敬佩之余,不由得仰天长叹:"眼前有景道不得,崔颢题诗在上头。"叹罢搁下笔墨,怅然而去。从此潜心诗作,终于跃上诗坛的顶峰。

清康熙四十八年(1709 年),著名戏曲作家、《桃花扇》的作者孔尚任游黄鹤楼时,非常服膺崔颢的杰作,也很敬仰李白的气度,于是起意将黄鹤楼旁的一座无名小亭命名为"搁笔亭"并为之赋诗《题搁笔亭》四首:

一

崔颢吟成绝妙辞,不因捶碎世谁知?
青莲让美谁叉手,壁上于今竟有诗。

二

潇洒仙才有尽时,当年搁笔费寻思。
唐人不及今人胆,敢续崔郎以后诗。

三

白云黄鹤句多奇,具眼人来自避之。
莫怪纷纷题壁者,模糊未见上头诗。

四

楼头有韵莫轻追，崔是司勋李是谁？

发兴须游千里外，凤凰台上再吟诗。

此后，有人为搁笔亭作过多副亭联，如沈用增的"仙人又有楼居，不知十二年跨鹤行踪，来栖何地；翰林虽将笔搁，仍翼三千界钓鳌巨手，到此题诗。"等等。

清代江夏陈本立《黄鹤楼名胜记》载："楼（黄鹤楼）之东为亭者二，一搁笔亭，初名太白堂。重檐复道，公私燕游之所。"当然，它也是文人墨客的酬唱之所。清人楹联云：

崔唱李酬，双绝二诗传世上；

云空鹤去，一楼千载峙江边。

此亭清同治年间毁于兵燹。现亭于1991年重建，坐南朝北，长8.5米，宽8.25米，高8.72米，仿木石结构，有12根古铜色粗柱，柱高3米，柱围1米。亭中间置有石长条案，案上放着石墨砚和笔筒，并配4个名腰鼓凳，别含雅趣。亭柱上的楹联系清嘉庆年间江夏县令曾衍东为太白堂所拟的旧联"楼未起时原有鹤；笔从搁后再无诗"，由时任中国文联主席的曹禺所书，亭名由著名诗人臧克家书写。

跨鹤亭

位于黄鹤楼东南100米处。

从汉末到明初，传说跨鹤到黄鹤楼的仙人，一个接着一个。

南朝萧子显撰写的《南齐书》记载有"黄鹤楼在黄鹄山上，仙人子安

跨鹤亭

乘黄鹤过此"。这个"子安"，有人说姓王，有人说姓窦。"王子安"事迹不详，"窦子安"是武昌人，平生很有灵异。他去世入葬不久，飞来了一只黄鹤，停在了他家门前的一株大树上，频频呼喊着"窦子安"的姓名。窦子安真的出现了，便跨上黄鹤绕着黄鹤楼飞翔，最后便向西飘然而去。

唐永泰元年（765年），阎伯理写了《黄鹤楼记》，这是最早记叙黄鹤楼的游记作品。文中写道："费祎登仙，偿驾黄鹤，返憩于此。"江夏人费祎是诸葛亮最信任的属下，后来担任尚书令，辅佐后主刘禅。由于他主张联吴抗曹，后被由魏降蜀的人郭循杀害。后人怀念他，便传说他跨鹤登仙返回故乡的黄鹤楼休憩。

　　南宋著名的文学家张栻在《南轩集》中另有一段生动的记载：有个叫荀瓌字叔伟的人，家住江夏，过着修道炼仙的生活，常来黄鹤楼憩息游乐。有一天他在楼上窥见西南天空上飘来一片云彩，忽一转眼，化成了一个驾鹤的仙人，羽衣红裳，见了荀瓌如久别重逢的朋友一般，十分亲热。好一会儿神仙跨鹤腾空而去。

　　明清时盛传吕洞宾在辛氏酒家用橘皮画鹤，又跨鹤升空，辛氏为感念吕祖，用平生积蓄修建黄鹤楼。明清诗人纷纷写诗作文描绘其事，清代黄鹤楼"凡三层，层层供奉吕仙像"。

　　此亭始建于北宋，亭旁有静春台，后亭台俱废。现亭重建于1986年，面西朝东，长4.2米，宽2.68米，高7.74米，横而呈六角形，仿木石结构。六角攒尖顶，青筒瓦，仿青砖地面。亭名由天津南开大学教授乔修业书写。

千年吉祥钟

　　位于黄鹤楼正东100米。

　　此钟重21吨，取20世纪和21世纪连接之意，大钟内外均有纹印，钟表面有千字铭文，而顶部有楚风楚韵纹饰带，上半部为龙凤呈祥图案和千字铭文，钟腰带为梅花图案，钟的下部浓缩武汉3500年发展史的十幅浮雕。内容为：殷商南土，盘龙古城；楚拓江汉，屈子行吟；夏口城堡，三国鏖兵；崔颢绝唱，李白诗魂；南宋港市，岳飞抗金；商兴汉口，都会雄风；武昌起义，举国景从；保卫武汉，抗战军兴；武汉解放，工业重振；四化新篇，改革风劲。

　　千年吉祥钟是武汉市的重要礼器。

千年吉祥钟

《米芾拜石》铜雕

位于黄鹤楼正东偏南 130 米处。

奇石是大自然的精灵，具有一种返璞归真的自然美。爱石、品石、咏石，赋石以人格，以石为友，是文人风雅之所在。石是文人寄情抒情之物，中国文人对石的崇拜，实际上反映了文人们对自然的崇拜。米芾，北宋书画家。字元章，号鹿门居士、襄阳曼士。世称米南宫，因举止癫狂，又称"米癫"。他曾在涟水任过太守。此地与灵璧山很近，山中藏有很多奇形怪状的石头。

米芾对此很是喜爱，在上面勾勒字画，最后沉溺于此，终日躲在画室不务公事。一次被按察使巡查时发现，他毫不在乎。后在无为州见有巨石奇丑，大喜之下具衣冠拜之，呼之为兄。徽宗召为书画学博士，其行草博取前人所长，自出新意，格调超迈，与苏轼、黄庭坚、蔡襄并称"宋四家"。米芾曾为宋代黄鹤楼题写"天下江山第一楼"匾额，该匾与清代同治黄鹤楼一起被焚。

有感于米芾与黄鹤楼的因缘，黄鹤楼重建时铸此铜雕。铜雕重1000余公斤，青铜质。雕像刻画出米芾拜石若敬祖的神情，其衣与石头浑然一体，谁人分辨不出该雕像为铜制。雕刻手法既生动细腻，又粗犷抽象。米芾所拜之石取自安徽灵璧石，高约3.5米，重4吨。湖北美术学院项金国教授创作。

《米芾拜石》铜雕

百松园

位于蛇山北坡西端，在黄鹤楼以东 150 米处，占地 270 平方米。

松柏作为正义神圣的象征，成为中国园林文化精神中永恒的审美意象。松风传雅韵，成为松树的又一特征。松还是长生的代名词，"松柏为百木长也而守宫阙"。据传，晋荣阳郡南石室中，隐居着一对夫妇，室后有孤松千丈。这对夫妇年岁数百，死后化为双鹤，绕松而翔，故有松鹤延年之说。

1985 年初建此园时，从附近邻县调运适于蛇山生长、且有观赏价值的马尾松、湿地松等百余棵移栽此园，后又陆续补种黑松、罗汉松等，逐渐形成了四季常青、松涛起伏的松林景观，把金碧辉煌的黄鹤楼衬托得分外美丽。

杜鹃园

位于蛇山北坡中段，黄鹤楼以东 217 米，占地 4200 平方米。

杜鹃为花中西施，相传蜀帝蒙冤死后，化作一只杜鹃鸟，日日啼叫诉冤，嘴角的血滴落在杜鹃花上染红了杜鹃花。此后杜鹃花成了人们恋乡思亲的情感寄托。

1986 年开始兴建此园时，采用顺蜿蜒起伏的地势覆盖栽植的方法，从宁波运来 1.2 万株杜鹃苗木广泛种植。此园以花期较长的夏鹃为主，花色以玫瑰红居多，少量为粉红橘红色。每年 5～6 月，杜鹃盛开，簇簇山花，烂漫如锦。由于杜鹃喜阴，在蛇山北坡生长较为适宜，虽然冬季北风凌厉，杜鹃却花开不衰，为山地景观一绝。园内还配植少量红槭等小乔木，更把杜鹃园装扮得层次分明，高低错落，色彩丰富。

紫竹苑

位于黄鹤楼东南 175 米处。

史书记载此地多紫竹，旧名"紫竹岭"。相传有鹤腾于紫竹间，因而得名。竹林中原有一座古刹，名"古竹林寺"，是一处幽静清雅的地方。

元朝末期，朝政废弛，社会动乱，农民起义如火如荼，各起义军之间也混战不断。元至正二十四年（1364 年）二月，朱元璋攻下了属于陈友谅地盘的武昌。蛇山紫竹岭成为朱元璋的驻跸之处。

紫竹苑

　　清康熙十九年（1680年）湖北布政使徐惺为隐居之用将此地建成私人宅园，名曰"东山小隐"。最初搭盖的房屋均为竹结构，又名"竹园"。该园依山势呈阶梯状，高低错落，隐现于山林之中。康熙二十一年（1682年）以后，又陆续修建诸多房屋，其中有"此山"、"桂实"、"梅雪"、"翠微"四堂；石砌高台上建有"即山"、"半峰"、"鹊巢"三楼，"止山"、"皆江"、"吸江"、"空香"四阁，"舫"、"秋"、"湮"三亭，"洗梅"、"语石"、"花影"三轩。诸建筑皆向南。园主独具匠心，在"隐"字上做文章，追求"平步而登，不知其下有堂；花树荗茂，不知屋内有园"的隐景效果。园内铺廊设亭，十分精美，遍植花木，景色宜人，成为当时文人雅士流连唱和的胜地。至清末，该园逐渐荒芜。

　　现紫竹苑是1988年利用旧房改建的一座仿古建筑，为传统四合院结构，占地1410平方米。其中：天井280平方米，内走廊91平方米，正房内圈430平方米、外圈570平方米，门庭为41平方米。黑瓦白墙，具有明清建筑风格。

南楼

　　位于黄鹤楼东南185米处。

　　此楼旧时称白云楼、安运楼、瑰月楼、楚观楼等，它与黄鹤楼、头陀寺、北榭并称为古时蛇山的"四大楼台"。始建不晚于唐朝。那时南楼是黄鹤楼旁游客娱乐的场所。宋徽宗崇宁二年（1103年），文学家、书画家黄庭坚用文字触及朝廷被贬广西宜山，途经鄂州（武昌）客寓一年余，多次登上南楼，用诗描述其"四顾山光接水光，凭栏十里芰荷香"的优美景色，

南楼

惊叹"南楼磐礴三百尺，天上云居不足言"的高耸气势，发出"江东湖北行画图，鄂州南楼天下无"的赞叹。

　　南宋初年，黄鹤楼毁圮，南楼代之而兴，名声大著，骚人墨客竞相登临酬唱，留下许多名篇佳句，陆游、张孝祥、辛弃疾、刘过、姜夔、载复古、文天祥等著名诗人的作品，为该楼增添了浓厚的文化色彩，也大大弘扬了该楼的名声。如"谁家玉笛弄中秋，黄鹤归来识旧游。汉树有情横北渚，蜀江无语抱南楼。"（范成大《鄂州南楼》）道出南楼中秋的皎洁月色

和鄂州南市的繁华，寄寓了诗人对此处风光的依恋之情。"老子个中不浅，此会天教重见，古今一南楼。"（范成大《水调歌头·中秋饮南楼》）畅述登南楼的豪迈。"南楼月转银河曙，玉箫又吹梅草。"（文天祥《齐天乐·庆湖北漕知鄂州李楼峰》）既写南楼景色，又寓高昂激情。这些作品成为南楼文化中极具光辉的珍宝。

元明清各代，南楼屡毁屡建，逐渐失去昔日风采。清乾隆年间，湖广总督毕沅重新修建过它；同治时，湖广总督官文又曾重修它。

新楼于 1985 年重建，背山面南，面阔五间，长 16.5 米，进深 3 间，宽 7.5 米，高 9.5 米。上下两层。占地 120 平方米。仿砖木结构，歇山式顶，重檐飞角，青瓦朱楹，前加抱复，六圆柱。梁檩柱础，装配严密，格窗板门，朴素典雅。楼正面檐下悬已故著名书法家王蘧常所书的"今古一南楼"的大字匾额，黑底金字。正门楹联为原中国书协副主席李铎所书的清人袁太华旧联：

> 抱郭江流，触耳似闻仙笛弄；
>
> 凌霄楼起，举头仍见白云飞。

毛泽东词亭

位于黄鹤楼东南 200 米处。

1918 ~ 1922 年，毛泽东在去北京、上海及返湘途中，曾 5 次在汉停留住在蛇山下的黄土坡、横街头，与恽代英、陈潭秋等人到黄鹤楼故址晤谈，探讨中国的出路。1926 年底，毛泽东作为中共中央农委书记、国民党中执委候补委员由沪来汉，考察长江流域的农民运动情况，并于次年春在奥略

毛泽东词亭

楼下首的簧巷（今红巷）举办中国国民党中央农民运动讲习所。不久，蒋介石在上海发动"四一二政变"，武汉国民政府汪精卫等亦策划"分共"。毛泽东敏锐地看到形势的危险性，于4月27日向在武汉召开的中共五大会议提交了"迅速解决农民急需解决的土地问题，建立农村革命政权，大力发展农民武装"的书面意见，但中央委员会未将其提交大会讨论，并将毛泽东排斥于大会领导层之外，剥夺其表决权。暮春时节的一天，毛泽东登上蛇山，在黄鹤楼故址前盘桓，只见楼台倾圮，满目荒凉，大江东去，龟蛇雄峙，烟雨朦胧。从眼前的景物想到目前严峻的政治形势，一首《菩萨蛮·黄鹤楼》从诗人胸臆间流出：

茫茫九派流中国，沉沉一线穿南北。烟雨莽苍苍，龟蛇锁大江。　黄鹤知何去？剩有游人处，把酒酹滔滔，心潮逐浪高。

这首词最早发表在《诗刊》1957年1月号上。关于词的写作背景，作者在1958年自注道："一九二七年春，大革命失败的前夕，心情苍凉，一时不知如何是好……"

建国后毛泽东36次来到武汉，多次登临蛇山，18次畅游长江。1956年5月31日，毛泽东从黄鹤楼故址的上首下水，首次畅游长江。6月2日、3日，他又两次到长江中畅游，并写下了《水调歌头·游泳》一词：

才饮长沙水，又食武昌鱼。万里长江横渡，极目楚天舒。不管风吹浪打，胜似闲庭信步，今日得宽余。子在川上曰：逝者如斯夫！　风樯动，龟蛇静，起宏图。一桥飞架南北，天堑变通途。更立两江石壁，截断巫山云雨，高峡出平湖。神女应无恙，当惊世界殊。

该词亭于1992年兴建。亭坐北朝南，长宽各为6.6米，高9.5米，四角攒尖，重檐舒翼，造型典雅，四柱，方形。亭中矗立着一高 3.2 米、宽 1.8 米的大青石碑，南北两面分别镌刻上两首词，系采用作者本人手迹放大而成，词书并茂。亭名由原解放军副总参谋长伍修权书写。

古碑廊

位于黄鹤楼东南 200 米处。

廊中汇集了历代名人的诗词、题字、书法真迹碑刻 23 方，具有较高的艺术价值，是研究我国书法和碑刻的宝贵资料。其中，从山东济宁南楼摹刻而来的李白所书"壮观"二字，字如其诗，浪漫雄奇；岳飞《满江红·登黄鹤楼有感》笔酣墨舞，遒劲洒脱；相传为书圣王羲之真迹、实为清人门镇国所书的一笔"鹅"字，气韵连贯，神态雄浑；彭玉麟刻画的梅花，疏影横斜，笔致苍古；诸可权仿王羲之草书《奉橘》，仿黄山谷"燕入群花

古碑廊

飞上下，蝶寻芳草戏翩翩"和仿明代画家—兜兰草，传神立意，均极肖似；陆光煜所书"清平如意"字画合一，独具匠心；清张之洞以"孝达"、"香涛"、"壶公"落款的古刻，运笔凝重，气势稳健。

该廊长 30 米，高 15 米，依山而建，近似轩廊，假二层。

诗碑廊

诗碑廊

位于黄鹤楼东南 210 米处。

廊中碑墙上共嵌有石碑 124 方。它们均是黄鹤楼重建开放以来各地书法家馈赠的墨迹中挑选出来，并根据真迹描摹镌刻的。其中有著名书画家李可染、邵宇、沈鹏、尹瘦石、董寿平、欧阳中石、陆俨少、赵少昂、刘艺、刘炳森等的手迹。碑刻内容多为黄鹤楼诗、词、联、文；书法则是楷、草、行、隶、篆兼备；刻工各具特色，给人以历史知识和艺术享受。

该廊于 1985～1986 年兴建。全长约 200 米，宽 2.6 米，高 3.8 米，上为尖顶屋檐。廊的内环每 2.8 米便立有一根廊柱，柱的上方有小花格装饰，下方为可供游人歇息的石条栏杆。整个碑廊黑瓦白墙，

尽显江南风格，古朴典雅，庄重和谐。

《九九归鹤图》浮雕

位于黄鹤楼东南 240 米处。

古时黄鹄矶前的江洲，是天鹅的群居之地。每年冬季，却有大批的天鹅在此避寒。明代初期和中期，这一带地区都得按规定向皇帝进贡天鹅。然而沧海桑田，陵谷变迁，鹦鹉洲消失，人烟日益繁盛，生态环境发生了剧烈变化，现在此地已经见不到黄鹄（天鹅）的倩影了。为了寄寓人们的希望，黄鹤楼公园管理处从 1987 年开始酝酿兴建大型浮雕，历时 4 个春秋，终于建成。

浮雕为国内最大的室外花岗岩浮雕，全长 38.4 米，高 4.8 米，总面积达 184.32 平方米，总重量约 240 吨，由 343 块长宽各为 80 厘米、厚 30 厘米的枣红色黄花岗石镶嵌拼接而成。画面上 99 只不同动态的仙鹤，或栖，

《九九归鹤图》浮雕

白龙池

或舞，或鸣，或戏，或翔，无一重复，和谐地分布在松、竹、梅、灵芝、流水、岩石、云霞中，象征着黄鹤归来的各种姿态。枣红色黄岗石的色彩，随着晴雨变幻，天朗气爽时似红莲花开，轻阴微雨时如渥彤海棠。尤其在斜阳夕照下，更显恢宏蓬勃。

　　浮雕由四川省雕塑艺术院教授赵树同、任义伯和毛会建创作。"归鹤"二字系著名雕塑家刘开渠题写。

白龙池

位于黄鹤楼东南 240 米处。

传说明隆庆年间，紧挨长江的黄鹄矶下人烟渐密，栅屋连片。由于五方杂处，乱用火烛，接连酿成好几场大火，差一点就烧到了黄鹤楼。奉命管理黄鹤楼的主事某天在山道奇遇一个又瞎又跛的老道。老道指点主事请江中的白龙帮助，就可制服祝融。说完便隐于吕仙洞内。于是主事派人在黄鹤楼下用生铁修造了一个三丈见方的铁池，挑江水注入池中，果然黄鹤楼平安无恙。

事实上明隆庆二年（1568年）居民在黄鹤楼左确建有此池，后人皆称之为"白龙池"。

现池于1986年重新挖掘。水面200多平方米，水深2米，池中睡莲片片，喷泉若雾。白云阁倒映其中，水共山景，山明水秀，山、水、景合为一体。白龙池壁上有四个明代镌刻的石雕龙头，龙颜眉骨圆起，双目旁挺，嘴唇满卷，腮部云头突起，肩颈背爪鳞甲结络，背纹胡须清晰。其造型雄浑，雕刻技法纯熟细腻，为传统的吉祥之物。此4尊龙头，是在建设黄鹤楼南边时，从地下挖掘出土的明代楚王宫的建筑遗物。

鹅池

位于黄鹤楼东南210米处，与白龙池相连。世传书圣王羲之在黄鹤楼下放过鹅。某日，他巧遇一仙翁。仙翁赠他一群神鹅。王羲之将它们养在鹅池里，整天与它们形影不离。时常是边观赏神鹅边练字，天长日久，竟然一笔写出个神采飞扬的"鹅"字。后人根据这个传说，在黄鹤楼旁边立碑建池。

以前曾有鹄山泉流入池中，泉水清冽甘纯。泉侧在清末民初尚有宋文学家苏东坡的谪居石刻像。现池于1986年重建，水面面积约600平方米，

鹅池

池中植睡莲、王莲；还置有两座由太湖石构成的假山，水中红鲤、锦鲤和白鹅悠然漫游。

池的东端同时建有鹅碑亭。亭坐东朝西，面对鹅池，高6米，木石结构，呈六角形，单檐翘角，粉墙黑瓦，古朴典雅。亭壁的青石上"鹅"字高2.5米，宽1.25米。"鹅"字一笔运成，笔势"矫若惊龙"。据史料记载，此"鹅"字原刻在黄鹤楼斗姥阁（已湮没）东墙壁，后存于抱冰堂，实为清人门镇国所书。门镇国曾在清康熙年间当过九年的松滋县知县。他本是旗人，不识汉字。28岁时开始留心法帖，临摹名家书法拓片，酷暑严寒不间断，久之成家。他十分仰慕王羲之"鹅"字神妙，乃自作巨笔，苦练径丈"鹅"字。

一天，毛笔锋头忽然散开，像一朵五色花，书写的"鹅"字已神似羲之笔墨。此字于康熙五十四年（1715年）在黄鹤楼一笔写成，同年秋摹刻上石。原石高2.3米，宽1.4米，厚18厘米，"鹅"字几乎占满碑石，画笔粗壮处达16厘米。

百步梯

位于黄鹤楼东南280米处。

明代湖广有个副使提学沈钟，江苏江宁人，进士出身。辞官后寓居江夏（今武昌），年83而终。他写过一首400多字的长诗，题目是《黄鹤楼次朱升之进士》。诗中云：武昌蛇山"盘薄高低消百步，扶携左右夹双童。"明代都御使陈雍在《寄题黄鹤楼》诗中写道"危梯直上复直上，人语似与丹霄通。"百步梯即由此命名而来。黄鹤楼重建时在现址建石梯，梯旁的摩崖石上"百步梯"三字由原南京大学校长匡亚明书写。

落梅轩

位于黄鹤楼东南300米处。唐乾元二年（759年）五月，诗人李白被流放夜郎遇赦回到江夏，与好友史钦游黄鹤楼时，写下了一首《与史郎中钦听黄鹤楼上吹笛》。诗中作者自比汉代被贬到长沙的贾谊，虽然遇赦，仍然是"迁客"身份；虽然眷恋朝廷，朝廷却不容自己。五月不至梅开的季节，但黄鹤楼上传来凄厉的笛声。凄凉冷落的李白，仿佛感觉到江城落满了寒梅。作者的"无限羁情从笛里吹来"，所以此诗成为历代传诵的名篇。"江城"也由此成为武汉的代称。

落梅轩

此轩建于 1993 年，轩长约 50 米，宽 15.5 米，高 17 米，建筑面积 1750 平方米。虽为三层钢筋混凝土结构，但外表酷似木制。重檐翘角，吊楼，撑栱，镂花窗，赭色琉璃瓦。轩楼门高与轩廊呈不对称形式。轩楼高大，轩廊长而宽，且为明二暗三。轩名由书法家高冠华书写。

留云亭

位于黄鹤楼以东 104 米。此亭由古时"压云亭"变名而来。压云亭始建于宋代，在蛇山东头的头陀寺（已湮没）顶院。南宋著名诗人范成大《吴船录》记载："登压云亭，则前后尽见，周络井井，甚有条理。"元宪宗八年（1259 年），宪宗蒙哥抵鄂州屯兵校场，曾亲登城东压云亭远眺，观览形胜。世祖忽必烈、成宗铁穆耳亦先后来此亭小憩，亭遂成为元代驻跸圣地。

此亭毁后，清代在黄鹄山南建有留云阁，从石镜亭数折而下，最为幽胜。

现亭于 1984 年重建，改名"留云亭"。亭坐南朝北，分三段，两低中高，交叠对称。亭长 5.6 米，宽 2.6 米。通体花岗岩，歇山式坡顶，坚实牢固，奇特古雅。亭名由中央美术学院教授白雪石书写。

石照亭

位于黄鹤楼东北 150 米处。

又名石镜亭。北宋初年黄鹤楼西下临崖处有块石色苍涩的巨石，明亮如镜，光澈鉴人，每逢夕阳斜照，便炯然发光，名曰"石照"。于是人们在石旁建亭，亭因此而得名。宋代诗人贺铸、陆游都有诗文记载。陆游在他 45 岁那年曾到武昌流连 7 日并"登石镜亭"。他在《入蜀记》中说："石

石照亭

镜亭者，石城山（即蛇山）一隅，正枕大江，其西与大江相对。止隔一水，
人物草木可数。"明崇祯十六年（1643 年），石忽失去，亭亦毁废。清康熙
四十三年（1704 年）重建，嘉庆年间无存。

现亭于 1993 年重建，依山而立，为二柱半方花岗岩石体，长 3.6 米，
进深 1.6 米，高 5.1 米。亭内岩壁镶有黑砂石一块，以示石镜。亭周疏林环绕，
奇石映衬，古色四溢。亭名由原江苏书协秘书长饭牛（即田原）书写。

仙枣亭

位于黄鹤楼以东 175 米处。

仙枣亭

　　此亭始建于明初，原在蛇山山顶。传说黄鹄山上曾有四株枣树，枝叶繁茂，却从不结枣。有好事者在枣林边建一六角小亭，亭名"盼枣"。有一年，忽满树结枣，幽香袭人，枣如瓜大，枝叶坠地。人们传言是仙枣，食之可成仙。消息传到太守处，即派兵将枣林围住，尔后派书童采摘，太守全家沐浴更衣，并在院内设好斋坛，准备食枣升仙。未料书童自食枣升天而去，其余仙枣落地成石。太守追悔莫及，邀人到亭内下棋解闷。太守棋势正佳时，忽听"太守奕败！"循声寻人，杳无影踪。又突传悠扬笛声，追至亭下，见亭壁上有绝句一首，诗后署一"吕"字，方知是吕洞宾显灵。吕仙亭因此传说而得名。

　　由明至清，仙枣亭成为文人墨客斗诗唱酬之地。明礼部侍郎、学者郭

正域曾在此写过《仙枣亭记》及长诗《仙枣行》。清朝乾隆年间湖广总督毕沅撰写有"览胜我长吟，碧落此时吹玉笛；学仙人渐老，白头何处觅金丹"一联。清代著名书法家何绍基撰有"千年仙枣不留核；五月落梅犹有花"的题联。此亭在1955年修建长江大桥时被拆毁。

现亭于1993年重建，坐北朝南，4柱方形，长3.75米，亭高4.83米，柱高3米，重檐攒尖顶，圆柱石筒瓦，周置花孔围栏。亭名为著名书画家秦岭云书写。

涌月台

位于黄鹤楼以东265米处。

涌月台

明代汉阳府城隍庙后凤栖山（今凤凰山）巨石上有"涌月"二字，一传系三国时曹操所书；另一传为宋代著名诗人、书法家黄庭坚在绍圣二年（1095年）被贬至鄂州知府时建台，取唐杜甫"月涌大江流"诗意，书"涌月"二字刻其上，后台毁。其实为元泰宝进士、湖广行省儒学提举的黄清老所书。明末，谭友夏、刘敷仁在凤栖山背荒芜的草丛中找到刻有"涌月"的巨石，让人移至武昌蛇山黄鹤楼太白堂左侧，后人续以"台"字。明清时涌月台诗中是与黄鹤楼紧密相连的一处景点，1955年建长江大桥时拆除。

现台于1992年重建，呈四方框架形。白麻方石柱，柱高约4米，柱间距离3.4米，有4级台阶，占地面积54平方米。台名由时任中国书法家协会副主席的黄绮书写。

白云阁

位于黄鹤楼以东274米处。

白云阁历史上曾是南楼的别称，其渊源可追溯至公元4世纪的东晋。宋代之前，南楼在很长一段时间被署名为"白云楼"。明崇祯九年（1636年）巡抚宋贤重修南楼，仍题"白云阁"。清康熙四十三年（1704年），总督于成龙、巡抚刘殿衡重建时，乃名"白云楼"。之所以署以"白云"，实因为此处是观赏三镇云彩的最佳处。当然，它原是为体现崔颢《黄鹤楼》的诗意。

现阁于1992年所建，海拔75.5米，阁高41.7米，比黄鹤楼仅低10米，是观赏楼（黄鹤楼）、山（蛇山）、江（长江）和三镇云彩的最佳景点。阁的外观为塔楼式，呈"T"字形。阁坐北朝南，长34米，宽24.5米，屋顶

白云阁

为重檐十字脊屋面。地面一层与二层衔接处采用大板块的白色作为台基主调，寓意白云阁漂浮在白云之间。其造型融合了中国传统民间工艺和宋、明、清各时期的建筑风格。屋面琉璃色采用江苏宜兴生产的褐色琉璃瓦，梁柱呈黄棕色，地面呈青色，整个建筑既典雅秀逸，又古朴庄重。

白云阁占地面积 695 平方米，建筑面积 1794 平方米。阁名由著名史学家、原全国人代常委会副委员长周谷城书写。在阁顶层的屋檐下，东、西、北面各悬一块巨匾，为"无心出岫"、"视通万里"、"思接千载"，分别由已故著名数学家兼诗人苏步青和著名书法家程十发、朱屺瞻书写。"无心出岫"出自陶渊明《归去来兮辞》中的"云无心以出岫，鸟倦飞而知还"句，借以抒发游人登阁潇洒舒展的心境。"视通万里"、"思接千载"均出自南朝刘勰《文心雕龙·神思》中的"寂然凝虑，思接千载；悄然动容，视通万里"之句，以表示楼阁的功能。阁南面的巨匾"江汉朝宗"出自已故国家主席李先念的手笔。"江汉朝宗"出自《尚书·禹贡》中"江汉朝宗于海"句。阁门两侧，悬挂着已故作家姚雪垠撰书的楹联：

登临纵目，请欣赏江汉繁华。莫顾此几片白云悠悠，已知环域海陆南北有口争开放；

凭倚兴怀，应惊叹龟蛇形胜。休管它千年黄鹤杳杳，且看沿江上下东西无处不腾飞。

一楼大厅内，有湖北省楹联学会副会长白雉山撰，原湖北省书协顾问陈义经书的 216 字长联：

九派正茫茫，凭栏吊古，纷纷感慨系心头：想物换星移，涛翻浪卷；白云依旧，黄鹤难踪。念彼载折沙沉，梅愁柳怨；琴声幽咽，草色凄迷。

屈子吟来，泽畔悲音犹绕耳；明妃远去，塞边乡思尚萦怀。更兼他名将美人，灰消烟灭。电光石火，转瞬千年。问诗中圣哲，阁上神仙，何事匆匆成过客？

一游诚眷眷，揽胜登楼，幅幅彩图呈眼底：看鸟飞鱼跃，龟舞蛇翔；绿树婆娑，红墙掩映。当此风和日丽，舟疾帆轻；汽笛争鸣，钢花怒放。毛公豪兴，毫端高峡出平湖；郭老多情，笔下长虹横鄂渚。还伴这雕梁画栋，璧合珠联。壮志宏猷，创基万代。喜楚地贤才，禹州俊杰，相逢济济在今朝。

此阁内厅现为黄鹤楼书画展示中心。

抱膝亭

抱膝亭

位于黄鹤楼以东 326 米处。

此亭原在蛇山顶，民国年间，湖北学界为纪念曾任两湖书院监督、湖北全省学务处总提调、湖北按察使等职的梁鼎芬而建亭。亭名取自诸葛亮的"抱膝长吟为梁父"之语意。《魏略》中云：诸葛亮"每晨夜从容，常抱膝而啸"。"梁父"暗喻其人，同时也记其性好吟诗。梁鼎芬（1859～1919 年），广东番禺人，中国近代著名的教育家、藏书家、诗人。幼年即有神童之称，是岭南大儒陈澧的得意门生，21 岁就高中

进士，后授翰林院编修。一生经常有"惊世骇俗"的举动而被时人称作"梁疯子"。27岁时，他因弹劾北洋大臣李鸿章而惹恼慈禧太后，被连降5级贬出京城。后又3次弹劾山东巡抚袁世凯。光绪帝下葬崇陵，棺椁、随葬品在地下宫殿布置妥当，正当百官准备退出地宫时，他却疯疯癫癫地号啕大哭，赖着要为光绪帝殉葬，后被随从强行背出地宫。他为光绪守陵三年，朝夕扛着锄头种树，三年竟种活10万余株。他出任废帝溥仪的老师，每天上"朝"一丝不苟。辛亥革命后，张勋企图复辟，他抱着病重之身亲到总统府劝黎元洪退位归政清朝。但这位彻头彻尾的"保皇党"在湖北办文化、教育最有力，被世人称赞的张之洞创办的农务、工业、军事、方言等各类新式学堂都是梁鼎芬策划促动的；他选派了一批优秀学生到日本等国留学，其中黄兴等一批人成为辛亥革命志士。据载，他在明知黄兴被通缉的情况下，赠黄兴盘缠，使其逃离。梁鼎芬出身藏书世家，他的藏书很有个性。他不重视宋元古本，而以收藏方志以及清代文集为多。他在湖北长达20年，搜集了大量湖北地方文献。他到处捐书，并大力倡导书院藏书和发展公共图书馆。所以，他深得士子尊敬。

此亭1955年因建长江大桥被拆毁。现亭1994年重建。六角重檐攒尖顶，羽翼轻展，筒瓦饰脊，六根石柱支撑。亭高3米，全部采用白理石建造。清新雅丽，甚是精工。亭名为当代戏剧家梅阡题。

一览亭

位于黄鹤楼以东400米处。

亭建于宋代，以唐代诗人杜甫《望岳》诗中"会当凌绝顶，一览众山

一览亭

小"的诗句而来。南宋状元、诗人王十朋在此亭间写有五言诗《一览亭》,
诗曰"何由登泰山,一快天下览。"王十朋官至龙图阁学士,政见与当时
主战派一致,屡次建议朝廷整顿朝纲,收复中原。他在黄鹤楼写下多首诗歌。

现亭于 1994 年重建。亭分上下两层，八角攒尖顶，层檐飞展，迭角高翘，筒瓦饰脊。亭高 8.9 米。此亭依山就势，结构精妙，特别是位于两山之间，更显光彩照人。亭名由当代诗人贺敬之题写。

梅园

　　位于黄鹤楼以东 418 米的蛇山北坡和南坡，占地 8000 平方米，是黄鹤楼景区内最大的花卉景观区。梅花是武汉市市花，它风姿绰约，清香可人，有"花魁"之称；它花开五瓣，人称"梅开五福"，其像吉祥。李白咏黄鹤楼诗中有"黄鹤楼中吹玉笛，江城五月落梅花"的名句。此园植梅 200 余株，有粉红朱砂、小红朱砂、小绿萼、银红台阁、玉蝶、丰后梅等梅中珍品。其中 16 支古梅，以横、斜、倚、曲、古、雅、苍、疏，向游人尽展其醉人心目的风韵美和独特的神姿。

梅园

乖崖亭

乖崖亭

位于黄鹤楼以东 475 米处。

此亭为纪念张咏而作。张咏自号乖崖，是宋代初年一位有影响的官员。他少年时学击剑，喜好任侠，尤其喜听神仙故事。后登进士。他在崇阳任知县时，令老百姓拔掉茶树种植桑树，结果这一年茶税加重，老百姓因种桑而得利，非常感激他。45 岁时，张咏由宰相寇准等三人推荐，从开封府浚仪县知县提升为荆湖北路转运使，在武昌严厉惩治贪官污吏，很有政绩。这期间，他经常到黄鹤楼作诗。后来他从成都罢归后，还写有《登黄鹤楼》一诗。宋代有人为了纪念他，在武昌司门口建乖崖堂，堂中置有他的画像，后不知毁于何时。同时还在黄鹤楼旁建乖崖亭。现亭建于1993年，坐北朝南，亭呈六圆柱扇面形。亭高4.3米，斜坡顶。前弧长2.98米，后弧长6.8米，红砂石建造。端庄古雅，别具风格。亭名由黄均书写。

奇章亭

位于黄鹤楼以东548米。

此亭为纪念唐敬宗宝历年间任武昌节度使的牛僧儒而建造。"奇章"原是古代县名，在四川巴中县东30里，早废。唐牛僧儒生活在唐代德宗至武宗年间，这时期大唐帝国每况愈下，藩镇割据日益严重，政治腐败。牛僧儒三任节度使、两任宰相。他到鄂后，裁简冗员，减轻民赋。当时武

奇章亭

昌原有土城易于散塌，每年修补都要花银 10 万余两，老百姓苦不堪言。牛僧儒费时 5 年，把土城改建成砖城。砖城在原夏口城的基础上向北、东、南三面拓展，黄鹤楼不再成为城墙的角楼，楼前楼后均有较大的活动场所，既便于游览，又有了发展的余地。牛去世后，被封为奇章郡公。宋人在其登黄鹤楼时设宴的地方建亭，以奇章命名。后被毁，南宋陆游登蛇山时，亭已不存，但有奇章堂。明清两代，蛇山均有奇章亭。现亭于 1994 年重建。亭坐东朝西，为三连环形，由北向南，三亭连体，红砂石建造。北边的一亭略高，约 7 米，双层飞檐，瓶盖顶。其余两亭各高 5 米。造型错落有致，体现出江南石亭建筑的风韵。亭名由书画家娄师白题写。

岳武穆遗像亭

简称岳飞亭，位于黄鹤楼以东 574 米处。市级文物保护单位。

南宋抗金名将岳飞曾在黄鹤楼下的鄂州（今武昌）屯兵镇守 7 年之久。他三次北伐抗金都以鄂州作为基地。绍兴十一年（1142 年）岳飞被害，孝宗时为岳飞平反昭雪，下令恢复其官职，追谥"武穆"，以礼改葬。当岳飞之子岳霖到鄂州时，鄂州军民哭泣以迎。乾道六年（1170 年），鄂州民众在鄂州立忠烈庙以示祭祀。嘉泰四年（1204 年），岳飞被追封为鄂王，忠烈庙改名为鄂王庙（俗称岳王庙），庙旁种有岳飞生前栽植的松柏，被称为岳柏、岳松。元代统治者为压抑汉民族反抗精神，后将鄂王庙拆毁。明正德十四年（1519 年）重建岳王庙于大东门外。万历八年（1580 年），置祠于宾阳门内。清同治初年，庙、松、柏均毁。

1937 年卢沟桥事变后，中华民族处于生死存亡的关键时刻，岳飞成为

岳武穆遗像亭

激励人民抗击日本侵略者的楷模。武汉抗日群众团体在清理倾圮的岳王庙时，从瓦砾中发现一尊明万历十年（1582年）四月镌刻的有岳武穆像的青石碑，在现址东8米处建岳武穆遗像亭，置碑于亭中。亭于1937年建成，仅14个月后武汉沦陷，亭上端损毁。1966年亭内石碑被毁。

1992年将原亭北迁8米，亭高6米，台前有3级石阶，麻石垒成。亭台直径约6米。亭呈六角形，碧瓦攒尖顶，六角系金丝鲤鱼尾，顶尖呈葫芦形，青瓦盖顶，单檐外展。亭檐匾额"岳武穆遗像亭"，柱间长方形麻石，横额镌刻"孔庚于民国二十六年七月"。西南花岗石亭柱刻有亭联：

撼山抑何易，撼军抑何难。愿忠魂常镇荆湖，护持江汉雄风，大业先从三户起；

　　文官不爱钱，武官不怕死。奉谠论复兴家国，留得乾坤正气，新猷端自四维张。

　　原青石碑进行了重新整理，依原样镌刻岳飞半身像和张翼先所撰像赞：

　　拟赫维王，英风万古。穆穆其文，桓桓其武。壮志吞胡，精忠报主。肃瞻遗像，如熊为虎。浩气堂堂，八荒按堵。翊我邦家，有秩斯祜。

　　万历壬午孟夏滇太和张翼先顿首赞

"精忠报国"石牌坊

　　位于黄鹤楼以东330米处。

　　传说岳飞辞母踏上抗金前线时，母亲在他背上先用毛笔书写了"精忠报国"四个大字，接着用绣花针刺写，然后再用醋墨填染，使之永不褪色。

"精忠报国"石牌坊

岳飞终生不忘母命，奋勇杀敌。他还叫人将这四个字绣在旗上，威慑敌军。这四个字鼓舞了中华民族抵抗外来侵略的斗争，在伟大的抗日战争中曾发挥过巨大作用。岳飞那位伟大的母亲，是在黄鹤楼下的岳飞府衙中去世的。

坊高 10.7 米，宽 7 米，四柱五梁，造型素雅庄重，选用优质白色大理石精雕而成；四柱的下部有 8 个石狮作支柱，牌坊上部由 50 组斗栱撑托成"品"字形的巨型牌楼结构。重檐翘角，其势若飞。翘角处，上有"屋脊鱼尾"，下有"角梁龙头"。牌坊上部的画壁上浮雕出"二龙戏珠"、"九龙翻腾"、"圣鳞巡天"等气势恢宏的神奇图案。

牌坊的西、东横额上分别是书画家冯今秋、陈义经书写的"精忠报国"、"功业千秋"。据载：岳飞任湖北宣抚使时，与金兵激战于汉水边。民众扎好木排协助岳家军强渡汉水，岳飞当即为民众题写"精忠报国"四字，后被刻成匾额，放在报国庵的正殿之上，岁岁祭祀。此牌坊于 1992 年建成，石料均取自安徽九华山。由安徽省徽州古建筑研究所程极悦设计，黄山市屯溪石雕工艺厂建造。

岳飞铜雕

位于黄鹤楼以东 612 米处。

铜雕高 8 米，表现岳飞扶鞍勒马、不忍举首北望破碎山河的忧愤神态。雕像净高 6.3 米，重 16 吨，耗铜 14 吨。由湖北美术院傅中望、陈育村和湖北美术学院孙绍群、项金国创作，武昌造船厂第二铸造分厂铸造。铜雕背后，一座长达 25.6 米的青石浮雕，再现了岳家军驰骋战场、大败金兀术的场面。浮雕上镌刻有岳飞《满江红·登黄鹤楼有感》手迹。该浮雕由湖

岳飞铜雕

北美术学院陈人钰、郭雪、李江创作，四川省蓬溪县星花石雕厂承建。

"还我河山"石刻

位于黄鹤楼以东 615 米、岳飞铜雕像左后。

此石系岳飞铜像的配套景点。1.5 米立方米的岩石上刻着"还我河山"

"还我河山"石刻

四个大字，系根据岳飞手书真迹所刻。刻工极为精致，走笔连贯，笔力苍劲有力，一气呵成，显示出"撼山易，撼岳家军难"的英雄气概。

乐天亭

位于白云阁东南约50米处。亭有八柱，攒尖顶，高约6米。亭名取自唐著名白居易的字。白居易于815年游黄鹤楼时，咏有《卢侍御与崔评

事为予于黄鹤楼置宴，宴罢同望》："江边黄鹤古时楼，劳致华筵待我游。楚思淼茫云水冷，商声清脆管弦秋。白花浪溅头陀寺，红叶林笼鹦鹉洲。总是平生未行处，醉来堪赏醒堪愁。"此亭建于 2003 年，亭名由著名作家、学者俞汝捷题写。

梦得亭

位于乐天亭东 50 米处，亭有四柱，攒尖顶，高约 5 米。亭名取自唐著名诗人刘禹锡的字。刘禹锡与白居易唱和甚多，世称"刘白"。刘禹锡游黄鹤楼作有《武昌老人说笛歌》、《出鄂州界怀表臣》等。此亭建于 2003 年，亭名由著名语言学家、湖北大学教授朱祖延书写。

古井

位于黄鹤楼南景区内，由黑色的琉璃瓦覆盖着，两根圆柱支撑，旁边立有一石碑，上刻俞汝捷品题的"古甃清漪"四字，井水清澈，与梦得亭遥相对望。

抱冰堂

位于黄鹤楼东南 700 米处。

张之洞是中国的"钢铁之父"，中国近代铁路的开拓者之一，中国币制近代化改革的倡导者和执行者，中国近代新式军队的开创者之一，中国近代学校教育制度的设计者，并且还是率先开发海南岛并提出海南建省的人。张之洞于清光绪十五年（1889 年）始任湖广总督。其在任 18 年，对武汉近代工业、城建和文化教育事业的发展作出了重要贡献。光绪三十三年，张升任体仁阁大学士，授军机大臣。他赴京后，湖北的故吏门生集资在张之洞训练新军的指挥所原址上兴建此堂。堂名取自张之洞晚年的自号"抱冰老人"。"抱冰"典出《吴越春秋》中"冬常抱冰，夏还握火"，有刻苦自励以成大业之意。张之洞虽是一文官，但他一生见证和参与了太平天国、英法联军战争、洋务运动、中法战争、义和团运动、八国联军战争等，深知中国和中国军队的落后和贫弱，决心卧薪尝胆走强兵之路。他对原湖北绿营兵进行了大力裁汰，又在各郡县风气较好的地方招募有文化的青年入伍，并请来了德国将军为总教习，按照西方军队的训练方式、战术原则、操作典规来训练新军。张之洞治军既有严厉的一面又有开通风气的一面，

抱冰堂

官兵思想活跃，军营气氛相对宽松，革命党人潜入，辛亥革命力量潜滋暗长。就在张之洞操练湖北新军的同时，北洋大臣、直隶总督袁世凯也在北方训练北洋军。两支队伍同为我国近代军队的发端，但是待遇不同，归宿也不一样：北洋军是"中央军"，吃皇粮；湖北新军是地方军，啃的是湖北财政的老本。袁世凯拥兵自重，把北洋军变成强大的政治军事集团；张之洞没有袁世凯那样的野心，湖北新军始终未改地方身份。历史开了一个大玩笑：两支同为友军的中国新式军队，没有在对外战争中显示各自的实力，却在辛亥革命中成为对手。

抱冰堂背倚蛇山，面南而立，长约25米，宽18米，高10米，占地面积400余平方米。单檐斗栱，九脊四坡顶，砖木结构，檐下环以外廊，宽2余米，四周有18棵间距相等的红色方木廊柱，立在麻石圆墩上。四扇红色大门，门首悬黑底金字横匾，上有著名书法家黄亮题写的"抱冰堂"三字。原民国总统黎元洪1914年曾在相国寺前立石记文。抱冰堂前有一棵粗壮的法国梧桐，这是法国人赠送给张之洞的。当年张之洞指挥士卒栽下这颗法桐，为武汉市最古老的法国梧桐。

此堂为省级文保单位。

陈友谅墓

位于黄鹤楼东南约750米处。

陈友谅是湖北沔阳人，元朝末年农民起义爆发后，他参加了徐寿辉领导的天完红巾军，以功升任元帅。元至正二十年（1360年）杀徐寿辉自立为皇帝，建国号大汉。此后，他一方面继续进行反元战争，一方面把军

陈友谅墓

事重点放在与邻境朱元璋的战争上。陈友谅不会用人且爱滥杀无辜，他将俘获的朱元璋士卒全部杀光，自己的部下也屡屡被他所杀，他甚至把自己的两位领袖也先后杀害。而朱元璋却将几千名陈军俘虏全部放归，人心向背由此可见。朱元璋先用康茂才诈降计，斩杀了陈友谅几万人；又于至正二十三年八月与陈友谅大战鄱阳湖 36 天，双方死伤惨重，陈友谅被流矢射中眼睛贯穿脑部而亡，部下张定边连夜用小舟载陈友谅尸体及陈友谅幼子陈理逃回武昌，将陈友谅葬于黄鹤楼旁。次年朱元璋攻打武昌城，陈理和张定边见大势已去，只好献城投降。为了表示投顺的诚意，陈理还献上陈友谅用过的镂金床，朱元璋当众在蛇山上焚毁，他安抚封赏了陈理及陈

友谅的父亲等亲属，又来到陈友谅墓祭奠，并题"人修天定"四字于墓前，完完整整地秀了一把"猫哭老鼠"。

今墓为1981年修复。墓地背北面南，呈长方形、圆角，高2米，有砖砌水泥墓墙，占地30余平方米。墓前立有一块水泥镶嵌的麻石墓碑，高2米，上书"大汉陈友谅墓"。墓两侧有碑亭，分立有"大汉皇帝陈友谅墓碑铭"和"重修大汉陈友谅墓"碑石。墓前还建有4米高的洗麻石牌坊，四柱三门，气势夺人。前额书"江汉先英"，后额书"三楚雄风"。牌坊与墓之间有16级台阶的墓道，墓道宽2米。墓地周围植翠柏冬青，肃穆庄重，蔚为壮观。1956年被湖北省人民委员会公布为省级文物保护单位。

总理孙中山纪念碑

总理孙中山纪念碑

位于黄鹤楼东南800米处。

1912年孙中山先生曾到黄鹤楼故址游览，1925年病逝于北京。为纪念孙先生的历史功绩，1928年由辛亥首义同仁在蛇山西端南麓建碑。1992年迁入现址。

纪念碑背倚蛇山，坐北朝

南，占地 100 余平方米。碑顶为中国传统的样式，碑身高 7 米，用花岗岩石砌成。碑身正面镌刻"总理孙中山先生纪念碑中华民国十七年国庆日落成"；以"辛亥首义同仁"名义撰写的碑文刻于碑阴。碑座左右两面为花圈挽带浮雕图案，庄重而典雅。

1983 年被立为市级文物保护单位。

辛亥革命武昌首义纪念碑

位于黄鹤楼东南约 850 米处。

为纪念辛亥革命在武昌爆发，1981 年 7 月，由湖北省暨武汉市辛亥革命武昌首义 70 周年纪念大会筹备领导小组决定修建，同年 10 月初建成。

纪念碑坐北朝南，以麻石砌筑，高 11 米，碑身正面镌刻时任全国人大常委会委员长叶剑英题写的"辛亥革命武昌首义纪念碑"贴金大字。碑座分三层，正面镌刻有著名史学家章开沅撰文、书法家张昕若书写的记叙辛亥革命历史、赞扬孙中山和革命党人功绩的碑文。整个建筑占地 500 平方米，它雄踞蛇山，巍峨挺拔，苍翠环绕，壮观肃穆。

1983 年被立为市级文物保护单位。

武昌起义炮台

位于黄鹤楼东南约 700 米处。

1911 年 10 月 10 日武昌起义爆发。起义军攻打湖广总督府受阻，于是将大炮拉到蛇山山脊黄鹤楼遗址附近，开炮猛轰总督府。湖广总督府位于武昌城南角的望山门与文昌门之间，右依城郭，坐临街市，后隔大都司巷

辛亥革命武昌首义纪念碑

便是第八镇司令部，周围有一丈多高的围墙，易守难攻。首义事发后，总督瑞澂和第八镇统制张彪纠集军队和警察 5000 余人，借助当时最先进的武器据险死守，以待援兵。当晚雨雾蒙蒙，能见度极差，炮弹命中率低。革命军决定在督署附近燃烧民房以火照明攻击目标，事后赔偿损失。该处居民积极响应，并献出煤油引火助燃。这时，蛇山、楚望台和中和门城楼的炮兵以督署门前的大旗杆为目标，向督署再次发动攻击。督署签押房立刻被击中起火，接着又有多处房屋被击中。躲在大堂里的瑞澂魂飞魄散，教人在署院后墙挖开一个洞，带着家小爬出洞口，由文昌门仓惶逃至江边，登上楚豫兵舰逃命。第二天清晨，革命军占领武昌城，一面红黑两色的十八星旗在蛇山头奥略楼上迎风招展，宣告武昌起义的胜利。

现展陈在炮台前的三门铁炮，是当年蛇山上用作报时的"午时炮"。该炮铸于清咸丰年间（1851～1861 年），炮身的諮文至今仍清晰可见。

武昌起义炮台

湖北省图书馆旧址

湖北省图书馆旧址

位于黄鹤楼东南约 800 米处。

其前身为 1904 年湖广总督张之洞在蛇山南麓创办的南北书库。1936 年 10 月，在湖北督军兼省长肖耀南将其官督商办石膏公司的 2 万两股份捐修的博文书院的基础上，改建成"湖北省立图书馆"。其建筑风格与同时代建造的武汉大学优秀历史建筑完全一致。1937 年"七七"事变后，馆址让于国民政府军事委员会用作指挥全国抗战，馆藏部分图书与工作人员西迁湖北恩施，直到抗日战争胜利后才又迁回武昌本馆。2012 年，为满足更多读者需要，该馆迁至武昌沙湖新馆。

2001 年，"湖北省立图书馆"被列为省文保单位。

东入口建筑群

在黄鹤楼东约 850 米处。

前为拂云台，台名取自"望江南，拂云揽月"，踏入拂云台，台正对着黄鹤楼东门入口。此处强调了主入口轴线，在入口与建筑之间形成了良好的过渡空间。紧接着是一座以黄鹤展翅为主题的黄鹤壁浮雕，讲述了一段黄鹤的神话故事，以此烘托了主题，并形成了次入口的对景。壁照之后是玉笛坪，坪名取自李白"黄鹤楼中吹玉笛"。此处豁然开朗，以玉兰树群为主的疏林草坪，营造出开阔的林下空间，供游人驻足休憩。问梅坡名取自李白上一句诗的下句"江城五月落梅花"，坡上可以观赏到不同品种的梅花。这个梅花专类展示园，以梅来点题，突出了武汉的市花特征。为了表达人们期待黄鹤归来美好夙愿而建造的望鹤亭，以传统的建筑风格和意境寓意黄鹤归来。东大门门楼，悬挂湖广总督张之洞的名联：

> 昔贤整顿乾坤，缔造多从江汉起；
>
> 今日交通文轨，登临不觉亚欧遥。

东入口建筑群

名人公馆

李书城公馆　位于蛇山南坡黄鹤楼东南 900 米处。建筑面积 400 平方米。公馆建筑风格为中西合璧式，砖木结构，落成于民国早期。李书城是中共一大代表李汉俊的哥哥，辛亥革命前驱，同盟会的创始人之一，新中国首任农业部长。

高亚鹏公馆　位于蛇山南坡黄鹤楼东南 950 米处。建筑面积约 200 平方米，约 20 世纪 20 年代所建，为西式洋房，瓦坡陡峭，造型奇特，具有较高的建筑艺术价值。高亚鹏，商人。

徐旨乾公馆　位于蛇山南坡黄鹤楼东南 980 米处。建筑面积 217 平方米，落成于 1933 年。公馆东侧有一个侧看像塔尖似的建筑，是徐家抗战初期建的防空掩体。徐是保定军校第六期毕业生，与薛岳、黄琪翔、郝梦龄是同期同学，抗战期间曾先后任第十集团军参谋长、温台守备司令。

流光溢彩的黄鹤楼是一道风景，它无与伦比的神韵辉耀、流晒、津动于城市的每一个角落；

历经沧桑的黄鹤楼是一部史书，它的每一块砖石都记录着民族的坚韧和智慧；

高标卓立的黄鹤楼是一座丰碑，它雄浑伟岸的身躯镌刻着中华传统文化的魂魄；

　　奇伟绝特的黄鹤楼是一个标志，它典雅深邃的意境与灵性，昭示、启迪后人**敢为人先，追求卓越**！

黄鹤楼景区导游图

费祎亭 35　　36 吕仙洞
39 石照亭
2 西大门　　42 抱膝亭
5 云衢轩　7 揽虹亭　　　　　　　　　44 梅园
37 留云亭　　41 杜鹃园
40 仙枣亭
3 胜像宝塔　　　　　　　　　　34 白云阁
4 "三楚一楼"大牌坊　"黄鹤归来"铜雕 9　宝铜顶（古铜顶）终点　38 百松园
6 凝翠轩　　　　　11　　16 奇石馆　　33 涌月台　　43 四季牌坊
12 千年吉祥钟　　　　　18 南楼　　29 乐天亭
1 黄鹤楼　　14《崔颢题诗图》浮雕　　20《九九归鹤图》大型浮雕　　30
8 瞰川亭　　19 毛泽东词亭　21 白龙池　　27 落梅轩
10 西爽亭　15 搁笔亭　25 诗碑廊　23 鹅池　24 鹅碑亭
13 跨鹤亭　　　17 紫竹苑　22 古碑廊　　32 黄鹤古肆
26 南大门　　　　黄鹤楼站　红楼
辛亥革命

1 4 10 61 64 108 401　　1 4 64 108
402 411 413 507 519 522 537　10 61 401 402
541 542 554 556 561 571 584
607 609 706 710 黄鹤楼南路站

黄鹤楼区位图

游览线路

1小时游线：
东大门→岳飞铜像→岳飞亭→岳飞功德坊→乘坐电瓶车→黄鹤楼→"黄鹤归来"铜雕→揽虹亭→云衢轩→"三楚一楼"大牌坊→胜像宝塔（西大门）→凝翠轩→瞰川亭→返回黄鹤楼→古铜顶→千禧吉祥钟→乘坐电瓶车→东大门

2小时游线：
东大门→岳飞铜像→岳飞亭→岳飞功德坊→四季牌坊→白云阁→千禧吉祥钟→古铜顶→黄鹤楼→"黄鹤归来"铜雕→揽虹亭→云衢轩→"三楚一楼"大牌坊→胜像宝塔（西大门）→凝翠轩→瞰川亭→返回黄鹤楼→《崔颢题诗图》浮雕→搁笔亭→奇石馆→南楼→壮观碑→毛泽东词碑亭→现代碑廊→白龙池→九九归鹤图→古碑廊→鹅池→鹅字碑→落梅轩→紫薇园→乐天亭→梦得亭→古井→岳飞广场→东大门

3小时游线：
东大门→岳飞铜像→岳飞亭→岳飞功德坊→四季牌坊→白云阁→百步梯（山路下行）→南楼→壮观碑→毛泽东词亭→现代碑廊→白龙池→九九归鹤图→落梅轩→紫薇园→乐天亭→梦得亭→古井→（返回）落梅轩→鹅字碑→鹅池（南大门）→古碑廊（右拐上行）→奇石馆→《崔颢题诗图》浮雕→搁笔亭→黄鹤楼→"黄鹤归来"铜雕→揽虹亭→云衢轩→"三楚一楼"大牌坊→胜像宝塔（西大门）→凝翠轩→瞰川亭→返回黄鹤楼→古铜顶→千禧吉祥钟（前行）→杜鹃园（山路下行）→仙枣亭（山路下行）→留云亭→吕仙洞→费祎亭→石照亭→胜迹牌坊（山路上行至电瓶车站）→百松园→抱膝亭→梅园→览亭→乖崖亭→石章亭→岳飞广场→东大门

温馨提示： 从黄鹤楼东门出来向东走200米可到长春观。步行50米到闵马场公交站乘坐402路途经江汉路步行街、汉江滩；乘坐401路到归元寺。从黄鹤楼东门马路对面乘坐411路经省博物馆到东湖梨园广场，还可到水果湖转乘8路到危家湾至欢乐谷。从黄鹤楼南门出来向南走50米到红楼；步行100米到湖北剧院，200米到首义文化公园，300米到首义园美食城。从黄鹤楼西门出来下长江大桥，步行200米到武汉著名的小吃一条街——司门口户部巷；或沿长江引桥走到大桥南桥头堡乘坐电梯到武昌江滩。

章亭
48 岳飞功德坊
49 岳飞亭
50 岳飞铜雕
起点
28 紫薇苑
67 武昌首义炮台
66 瞭望塔及其塔院
60 卢立群旧居
56 总理孙中山先生纪念碑
辛亥革命武昌首义纪念碑 57
54 首义园景区
65 辛亥首义碑亭
51 停车场
52 东大门
63 首义雕像
抱冰堂
64 龙华寺
61 高亚鹏公馆
武昌
53 游客服务中心
59 李书城公馆
62 烈士祠
路
58 湖北省图书馆旧址
路

武珞路阅马场站
1 4 25 222 401 402 503
536 537 584 590 596 608 701
703 710 715 728 804 806 905

武珞路阅马场站
武
1 4 10 61 64 402 411
03 519 522 536 584 590 608
01 703 715 806 905
路

周边交通

汉天河机场：在武汉天河机场下飞机后，乘机场大巴（武昌线）到傅家坡客运站下，然后在马路对面转乘411到黄鹤楼站下。

口火车站：在汉口火车站乘411路到阅马场站下。

昌火车站：在武昌火车站乘10路到黄鹤楼站下。

汉火车站：在武汉火车站乘540路到武昌火车站，然后转乘10路车到黄鹤楼站下。

服务电话

务咨询热线   票务热线   投诉电话
27-88875096   027-88875179   027-88848188

图例

 票务服务   商店

 行李寄存   洗手间

 公共汽车   P 停车场

 公用电话   医务室

后　记

　　占尽江山形胜、具有 1700 多年历史的黄鹤楼积淀了丰厚的文化内涵，承载着太多的城市记忆。唐代诗人崔颢的"黄鹤一去不复返，白云千载空悠悠"使武汉有了"白云黄鹤"的雅号，"诗仙"李白的"黄鹤楼中吹玉笛，江城五月落梅花"更使武汉"江城"的美称蜚声中外。2008 年 7 月，时任武汉市市长的阮成发（现为武汉市委书记）在向台湾客人介绍最具武汉特色文化景观时，首推黄鹤楼，并将之誉为武汉历史文化和城市个性魅力的代表。

　　作为多年来一直参与黄鹤楼建设和管理的工作人员，我们对黄鹤楼怀有永远都无法褪淡的挚爱，这种爱历久弥坚。黄鹤楼是我们的人生辞典，一部一辈子都读不完的大书。尽管在它的博大、典雅和神韵面前，任何笔墨都会显得苍白，但我们仍然不揣谫陋，试图通过文字和图片，让更多的人分享历史名楼的精神滋养。感谢中国名楼协会的领导和同仁的支持鼓励，感谢黄鹤楼文化发展研究中心专家的指导，感谢出版社审编校人员的辛勤劳动，是大家对历史名楼的共同景仰和热爱，才促成了本书的付梓印行。

　　衣带渐宽终不悔，梦绕情牵黄鹤楼。

编著者

2012 年 5 月